CRIPTOATIVOS
Ecossistema e conceitos fundamentais

FISCALIDADE E REGULAÇÃO

CRIPTOATIVOS
Ecossistema e conceitos fundamentais

FISCALIDADE E REGULAÇÃO

2024

Helena Gomes Magno
João Ricardo Catarino
Daniela Pessoa Tavares

ALMEDINA

CRIPTOATIVOS – ECOSSISTEMA E CONCEITOS FUNDAMENTAIS
FISCALIDADE E REGULAÇÃO

AUTORES
Helena Gomes Magno
João Ricardo Catarino
Daniela Pessoa Tavares

EDITOR
EDIÇÕES ALMEDINA, S.A.
Avenida Emídio Navarro, 81, 3D
3000-151 Coimbra
Tel.: 239 851 904 • Fax: 239 851 901
www.almedina.net • editora@almedina.net

DESIGN DE CAPA
EDIÇÕES ALMEDINA, S.A.

EDITOR
EDIÇÕES ALMEDINA, S.A.

IMPRESSÃO E ACABAMENTO

Março, 2024

ISBN
978-989-40-1904-6

DEPÓSITO LEGAL
....

ALMEDINA | GRUPOALMEDINA

SOBRE OS AUTORES

Helena Gomes Magno
É licenciada em Direito e Mestre em Ciências Jurídico Económicas pela Faculdade de Direito da Universidade de Lisboa – Ulisboa; Professora Auxiliar Convidada no Instituto Superior de Ciências Sociais e Políticas (ISCSP) da Universidade de Lisboa – Ulisboa; Gestora Tributária e Aduaneira no Centro de Estudos Fiscais e Aduaneiros (CEF).

João Ricardo Catarino
É Professor Catedrático do ISCSP – Instituto Superior de Ciências Sociais e Políticas da Universidade de Lisboa. Doutor em Administração Pública pela Universidade de Lisboa. Investigador integrado no CAPP – Centro de Administração e Políticas Públicas do ISCSP, Ulisboa. O autor realizou este trabalho no âmbito do projeto UIDP/00713/2020, financiado com fundos nacionais por meio da FCT – Fundação para a Ciência e Tecnologia, I.P. jcatarino@iscsp.ulisboa.pt ORCID: 0000-0001-9372-083X. LATTES: 0161307014501470.

Daniela Pessoa Tavares
É doutoranda em Direito Fiscal na Faculdade de Direito da Universidade de Lisboa; Licenciada em Direito e Mestre em Direito Fiscal pela mesma Faculdade; Assistente Convidada na Faculdade de Direito da Universidade de Lisboa, integrando o Grupo de Ciências Jurídico-Económicas; Jurista e Consultora Fiscal.

NOTA DOS AUTORES

Os criptoativos e a tecnologia que lhes está subjacente representam um marco na inovação financeira e no progresso tecnológico, assumindo um papel cada vez mais central e simultaneamente disruptivo na configuração do futuro da economia digital global.

A obra "*Criptoativos – ecossistema e conceitos fundamentais*" pretende identificar, explicar e relacionar os termos habitualmente utilizados no ecossistema da criptoeconomia e que, na visão dos autores, relevam para compreender e enquadrar as atividades, operações e fluxos associados ao universo dos criptoativos, quer no âmbito do direito fiscal, económico e financeiro, quer, mais amplamente, no domínio regulatório.

Por outro lado, pretende igualmente servir como ferramenta educacional para a promoção da literacia financeira, bem como incentivar a inovação tecnológica e fomentar a formação de uma comunidade esclarecida e participativa.

Dada a complexidade e o caráter inovatório e emergente destes ativos, a que acresce o inexistente ou reduzido tratamento pela doutrina, legislação e jurisprudência, os autores apresentam uma desafiante proposta de arrumação e conceptualização dos termos relevantes relacionados com os criptoativos.

O propósito dos autores nesta obra é oferecer aos utilizadores de criptoativos, profissionais e académicos das áreas que envolvem estes ativos e a todos aqueles com interesse na criptoeconomia, uma exposição clara, precisa e concisa dos termos relevantes.

Almejamos, simultaneamente, contribuir para a promoção da segurança dos intervenientes que lidam, ou venham futuramente a lidar, com os criptoativos, permitindo-lhes a tomada de decisões mais informadas sobre projetos e investimentos.

Este trabalho teve por base o conhecimento e experiência (académica e profissional) dos seus autores sobre esta temática, combinada com uma densa investigação levada a cabo durante vários meses, que incluiu a consulta de obras, artigos e textos publicados, legislação e regulamentação nacional, europeia e internacional, relatórios, textos preparatórios e estudos, e bem assim a consulta de outras fontes de informação como *posts*, vídeos e *podcasts*.

Acreditamos que este estudo representa um marco na literatura sobre criptoativos, convidando à reflexão crítica e incentivando o aprofundamento sobre o tema.

Esperamos, assim, que possa servir como um ponto de partida para a compreensão das noções fundamentais da criptoeconomia e que, além de um instrumento de trabalho útil, incentive a elaboração de estudos científicos e artigos de opinião.

Por fim, importa sublinhar que o ecossistema dos criptoativos é intrinsecamente dinâmico e sujeito a constante inovação, o que exige a interpretação evolutiva dos termos.

Os autores

Prefácio

Num mundo em constante evolução tecnológica, onde o digital se entrelaça cada vez mais com o real, surge uma obra que se destaca como um farol de conhecimento numa área ainda enevoada para muitos: o universo dos criptoativos e da tecnologia *blockchain*. Como tal, e com o propósito de ajudar cada vez mais pessoas a adquirir algum espírito crítico e interesse sobre estes tópicos, e com grande prazer e honra que aceitei o convite para prefaciar esta obra, um livro que não apenas ilumina, mas também procura desmistificar um campo em expansivo crescimento e complexidade.

A autoria deste livro ficou a cargo de três ilustres entusiastas nestas matérias, cuja paixão e dedicação ao mundo dos criptoativos tem já diversas provas dadas, cada um nas suas respetivas áreas. Movidos pela convicção de que o conhecimento é a chave para a compreensão e a adoção desta nova classe de ativos e deste tipo de tecnologias, chegou a hora de compartilharem a sua vasta experiência e insights, culminando na criação desta obra.

Esta obra emerge também num momento crucial, onde a necessidade de um entendimento claro e acessível sobre criptoativos nunca foi tão premente. Vivemos numa era marcada pela rápida digitalização financeira, onde os criptoativos e a tecnologia *blockchain* prometem remodelar não só o nosso sistema financeiro, mas também inúmeros outros setores, oferecendo oportunidades inéditas de crescimento, inovação e inclusão. Não se trata, portanto, apenas de uma compilação de termos ou conceitos relativos ao ecossistema; é uma ponte entre o conhecimento especializado e o público em geral, uma ferramenta essencial para navegar neste novo paradigma com confiança e compreensão.

Ao folhear as páginas deste livro, terá acesso a um mundo onde cada termo, cada conceito, é uma peça fundamental no grande panorama dos criptoativos e da *blockchain*. Mas mais do que isso, esta obra é um convite à reflexão sobre o impacto transformador que a tecnologia *blockchain* e as criptomoedas estão a ter no nosso mundo. De chave privada, a *custodial wallet*, passando por DAOs e NFTs, esta obra garante que terá os conceitos-chave para navegar esta indústria com a devida preparação.

Por fim, queria deixar apenas a nota de que este prefácio serve como uma provocação. Uma provocação para que não vejam este livro apenas como uma obra de mera referência ou consulta rápida, mas essencialmente como um ponto de partida para uma jornada de descoberta e compreensão. O mundo dos criptoativos é vasto e complexo, mas também repleto de possibilidades e oportunidades. Convido-vos, portanto, a mergulhar nesta aventura com uma mente aberta e curiosa, prontos para explorar as profundezas deste novo universo digital. Seja o leitor um investidor experiente, um profissional da área ou simplesmente alguém interessado em entender o futuro digital que nos aguarda, este livro é para si.

Fevereiro de 2024

NUNO LIMA DA LUZ
Advogado e presidente da Associação Portuguesa de Blockchain e Criptomoedas.

Texto introdutório
Tributação, Regulação e Economia digital

1. Governança em ambientes de rotura: o embate da economia digital na tributação

No seu *Digital Economy Report*, as Nações Unidas estimam que a Economia Digital ascenderá a cerca de 5% a 15% do PIB Mundial. Este intervalo impressiona não apenas pela sua expressividade, mas também pelo facto de evidenciar bem as dificuldades em quantificar o impacto real da Economia Digital. Ainda assim, a ONU considera a Economia Digital como uma realidade dinâmica, de certo modo, pelo menos nesta fase inapreensível, nesta incontornável era da digitalização e do uso dos dados, cujo desenvolvimento é tão acentuado que se revela extraordinariamente difícil de estimar os seus impactos, pelo menos por agora. De facto, este será o setor com maior crescimento entre todos os setores económicos.

Ora, se é verdade que a economia digital tem propiciado inúmeras vantagens para os cidadãos e para as empresas, por fomentar o surgimento de novas atividades digitais e de novos modelos de negócio, também é verdade que ela coloca um enorme desafio aos sistemas fiscais em todo o mundo.

Estes desafios são, até certo ponto, comparáveis a outros que os sistemas fiscais anteriormente enfrentaram, com contornos diversos é certo, pelo que, ate certo ponto, não se trata de algo nunca antes visto. Há, portanto, aqui, uma dupla caraterística: de um lado estamos perante um novo salto civilizacional e, de outro, em face de um valor estruturante, plasmado em princípios, a saber o de que continua a ser hoje, como antes, fundamental que todos os agentes económicos e setores da economia paguem a sua quota-parte de impostos e contribuam para o bom funcionamento das respetivas sociedades.

Ora, a tributação tem desempenhado, em todas as sociedades humanas, um papel fundamental. Com efeito, o financiamento da vida coletiva de uma sociedade faz-se desde há muito, através deste instrumento geral, na convicção de que, na linha de John Locke, se todos beneficiam do que a sociedade humana fornece, todos devem ser chamados a custear os serviços e infraestruturas que são essenciais para o seu bem-estar e funcionamento. Mas, tem também sido chamada a proteger e a promover os valores essenciais de respeito pela dignidade humana, liberdade, democracia, igualdade, o Estado de direito e o respeito pelos direitos humanos (cfr. artigo 2.º do TUE - Tratado da União Europeia e artigos 2.º e seguintes da CRP).

A tributação é, essencialmente, um fenómeno social, na medida em que o homem isolado não necessitaria de impostos para fazer face a necessidades meramente pessoais. A sua natureza gregária, e, logo assim, social, dita o surgimento de necessidades em comum que precisam ser satisfeitas por todos.

Por outro lado, o fenómeno tributário não é apenas uma questão de recolhimento de recursos financeiros para as entidades públicas, mas desempenha um papel central na promoção do bem-estar social, no desenvolvimento económico e na construção de uma sociedade que se pretende que venha a ser mais justa e mais equitativa. De tal modo que a maneira como os impostos são projetados e utilizados reflete a realidade social de cada época, e tem tido um impacto profundo na vida coletiva e no funcionamento da comunidade como um todo.

A tributação propicia, assim, as condições para a subsistência da vida coletiva, como é o caso dos serviços públicos, uma vez que ela é, até, a sua principal fonte de financiamento, como educação, saúde, segurança pública, transportes e infraestruturas, entre outros. Estes serviços têm um impacto direto na qualidade de vida das pessoas e na funcionalidade da sociedade como um todo.

Mas ela, a tributação, tem servido ainda para, de um modo geral, promover o bem comum, ainda que com fundamentos muito variados no tempo, na justa medida em que os recursos arrecadados por meio dos impostos são utilizados para investir em projetos e iniciativas que beneficiam a coletividade, independentemente da situação ou da capacidade financeira de cada um. Isso pode incluir construção e manutenção de estradas, parques, espaços públicos e outras infraestruturas que melhoram a qualidade de vida de todos. A segurança social e proteção social, a promoção da educação, do empreendedorismo e inovação, o fomento da participação cívica e uma maior responsabilidade coletiva, assim como a estabilidade económica e o crescimento sustentável, constituem, entre tantos outros, aspetos que os sistemas tributários promovem de variadas formas.

2. Sistemas fiscais, equilíbrios e roturas sociais contextualizadas pela crescente digitalização

Sucede que os equilíbrios naturais dos sistemas fiscais, assentes em princípios estruturantes, são como que abalados na sua mais profunda essência sempre que as sociedades humanas conhecem ou experimentam saltos civilizacionais, alterações estruturais intensas na forma de organização societária, que obrigam à criação de racionais ajustados para acomodar esta estruturante necessidade de justificar, segundo os critérios de justiça prevalecente, os temos e o modo como as necessidades coletivas se satisfazem a partir da riqueza individualmente gerada no seio da coletividade.

Ainda "recentemente", só para dar um exemplo, o advento das revoluções liberais, que abalou até à mais profunda essência, a ordem social do antigo regime, trouxe consigo, pela primeira vez na história, o imposto universal, incindo sobre todos, porque todos passaram a ser cidadãos sem distinção, participantes do processo coletivo e não meramente escravos, gentios, servos ou súbditos. E trouxe também o posicionamento do imposto como instrumento de realização social e como meio por excelência de financiamento do estado que, deixando de ser patrimonial, passou a utilizar este novo meio de repartir os encargos sociais com fundamento em novos princípios, como os do consentimento, da capacidade contributiva ou a tributação do rendimento real, ainda que nem sempre conseguidos.

O ora recente advento da globalização e, em consequência, o incremento da economia digital e as novas formas de criação de riqueza colocaram de novo em causa os fundamentos mais gerais dos sistemas fiscais e os seus modos de controlo dos factos tributários, em virtude de uma nova realidade económica que produz bens que dispensam a troca física, a intermediação, e a presença dos operadores económicos nas jurisdições onde operam.

Com efeito, os sistemas fiscais, tal como, mais tradicionalmente os conhecíamos, foram burilados tomando sempre por base uma realidade política, social e económica assentes na materialidade, agora em significativa medida desaparecida. Com efeito, as regras fiscais instituídas para regular a tributação internacional foram inicialmente concebidas para serem aplicáveis aos agentes económicos com presença física num certo país. Todavia, a digitalização crescente das economias vem colocado desafios sobre os sistemas fiscais, com impacto muito direto na erosão das respetivas receitas fiscais por força dos fenómenos de elisão e evasão fiscais ilegítimas.

A rigor, como o temos bem sentido, a tributação tem vindo a ser chamada a desempenhar um papel crucial na economia global, uma vez que esta influencia diretamente as atividades económicas, a alocação (e a deslocalização) de recursos, bem como os modos como hoje se opera a distribuição do rendimento. As regras fiscais necessitam, assim, de ser atualizadas, uma vez que o surgimento de novas tecnologias e de novos modelos de negócio, fez surgir os denominados agentes económicos digitais, que possuem caraterísticas muito distintas dos agentes económicos tradicionais. Aqueles, ao contrário destes, possuem clientes em países onde não detêm nenhuma presença física, obtendo lucros gerados derivados da venda ou da prestação de serviços digitais sem pagar qualquer imposto nos estados ou jurisdições onde esses seus clientes residem ou se localizam.

Uma vez que as regras fiscais ainda pressupõem largamente a tributação de atividades económicas onde haja uma presença física, o que sucede é que, com frequência, os lucros procedentes de atividades da economia digital não são tributados na denominada jurisdição de mercado respetiva, isto é, no país onde estão situados os seus utilizadores / consumidores.

Trata-se, como bem se sabe, de uma evolução complexa e abrangente que envolve a crescente interconexão e interdependência das economias, dos agentes económicos, culturas, sociedades e sistemas políticos em todo o mundo, para a qual os sistemas fiscais não estavam devidamente preparados.

O fenómeno é, ainda, agravado pelo facto de estes agentes deterem toda a liberdade para escolher a localização da sua sede ou estabelecimento estável, sendo óbvio que optam por jurisdições tributárias mais favoráveis, isto é, com níveis de tributação efetiva inferiores e custos de contexto relacionados com os deveres declarativos em matéria fiscal reduzidos. Deste mesmo modo, o Estado vê-se incapaz de estabelecer definições e conceitos importantes para a identificação do facto tributário, imprescindível para fazer surgir a obrigação tributária e a consequente arrecadação de receita. É esta a nova economia, a economia digital, distinta da chamada economia tradicional, que vamos aqui estudar, percebendo os seus desafios, sem esquecer também, que, após um contexto de pandemia, tornou-se ainda mais relevante a discussão deste assunto.

A economia digital é claramente impulsionada pelos avanços tecnológicos, como a internet e o transporte rápido, que encurtam as distâncias entre países e permitem uma troca mais rápida de informações, bens e serviços. Mas é também suportado numa economia de serviços digitais, que fornece bens imateriais que se tornaram, para todos nós, mais frequentes e imprescindíveis.

Ela trouxe um aumento significativo do comércio, onde bens e serviços podem ser produzidos numa parte do mundo e consumidos noutra, através de cadeias de suprimentos globais, incluindo as digitais, e onde a liberdade de circulação de pessoas e de capitais constitui a regra. Os mercados financeiros globais vieram permitir a compra e a venda direta de ativos, com vantagens do ponto de vista da criação de valor, mas propiciando, ao mesmo tempo, dependências, choques e vulnerabilidades acrescidas. A tecnologia da informação e a facilitação das comunicações passaram a desempenhar um papel vital na globalização, conectando as pessoas no mundo e permitindo a troca instantânea de informações e ideias.

A profunda transformação nos modos de criar valor e na forma como as empresas, sobretudo os grupos económicos globais, se posicionaram para obter vantagens competitivas, aproveitando a falta de coordenação dos sistemas fiscais nacionais, a quem faltaram (e ainda faltam) instrumentos suficientes para combater aa perda de receita inerente, leva agora as instâncias internacionais competentes a procurar soluções rápidas e globais para lidar com um fenómeno que tem não só exaurido de forma persistente e crescentemente mais relevante, as receitas fiscais, como tem produzido uma iniquidade crescente na repartição dos encargos sociais do imposto por todos os agentes sociais. Fala-se, assim, em governança e, mais ainda, em boa governança global.

3. A liberdade dos agentes económicos, o planeamento fiscal internacional e seus limites

As questões relativas à legitimidade de planeamento e escolha individual colocam-se em todos os aspetos da vida coletiva e para todos os agentes, sem exceção. O que sucede é que a forma, os métodos ou as bases legais em que os diferentes modos de ação se desenrolam variam consoante divergem os próprios planos dessa ação. Assim, os agentes económicos e as empresas encaram e delineiam o planeamento de forma diferente das pessoas singulares, da mesma forma que os entes públicos o fazem diferenciadamente dos particulares.

Por outro lado, o ato de planear abrange, potencialmente, todas as situações e todos os aspetos da vida das empresas, das pessoas e os órgãos públicos. Mas nem todo esse planeamento releva, pois que nem todo ele tem implicações fiscais, aquelas que aqui nos interessam. Todavia, o planeamento é, enquanto tal, uma realidade da vida de todos, em múltiplos aspetos da nossa existência, não importa a natureza da pessoa, o ambiente ou o tipo de atos em consideração. No plano tributário ele designa tão somente a técnica de organização preventiva de negócios, visando a uma legítima economia de tributos, independentemente de qualquer referência aos atos ulteriormente praticados.

É, pois, normal que as pessoas e os agentes económicos em geral, planifiquem suas vidas e atividades. As sociedades democráticas são espaços de liberdade onde cada agente procura maximizar os seus resultados, dentro de um sistema onde impera a autonomia da vontade, a livre iniciativa, e onde cada um decide livremente (dentro de leis reguladoras mais ou menos extensas) oferecendo aquilo que sabe que outros podem ter interesse, na linha do pensamento de John Locke, Adam Smith ou Friedrick Hayek e John Rawls, entre muitos outros. E onde os mais bem-sucedidos são aqueles que oferecem justamente aquilo que outros mais querem ou necessitam, nas melhores condições.

Como sabemos, o ser humano foi dotado de livre arbítrio (*liberum arbitrium, liberum voluntatis arbitrium, libertas arbitrii*), ou vontade própria, que se opõe ao determinismo mecanicista ou teleológico. O livre arbítrio, ou juízo livre, pode definir-se como a capacidade de escolha pela vontade humana entre o bem e o mal, entre o certo e o errado, conscientemente conhecidos. Ele é não só uma crença religiosa como uma proposta filosófico-sociológica que defende que a pessoa tem o poder de decidir as suas ações e pensamentos segundo o seu próprio desejo e crenças.

Todavia, a filosofia veio racionalizar a existência de limites para essa ampla liberdade de ação destacando o facto de que ela não é irrestrita. Por exemplo, sem pretensões de esgotar o tema, vale a pena referir que Emanuel Kant, distinguia, a propósito, entre a vontade em geral e a vontade pura. A primeira, segundo o autor, não pode ser conhecida, mas isso não pode significar que o indivíduo possa agir sem liberdade, ou seja, sem moralidade. A ideia de liberdade, defendia Kant, apesar de não poder ser conhecida, pode ser pressuposta. (Kant, 2002, pp. 79-80). Assim, pressupor o homem como livre (e também todos os seres racionais em geral) significa entendê-lo como portador de uma vontade prática que o torna capaz de agir segundo princípios práticos que ela mesma impõe. (Kant, 2002, p. 81).

Mas esse dever de pagar impostos também pode ser observado no plano das motivações e dos fins da norma ou do regime legal utilizado no planeamento. Estas últimas, sendo do domínio mais geral da ordem de funcionamento da sociedade como um todo, parecem constituir uma disposição de análise mais segura, pois será, normalmente, mais fácil descortinar se estamos, ou não, perante uma situação de facto cujos efeitos, se tivessem sido previstos em norma, teriam (ou não) sido evitados. E, naturalmente que tais normas estabelecem limites ao poder de planear, sempre que deste resulte uma intolerável diminuição dos impostos que normalmente seriam devidos se não existisse planeamento, sobretudo se este, à luz dos princípios estabelecidos, for incomportável.

A concorrência fiscal agressiva parece poder configurar um comportamento que não encontra fundamento nessa ordem de valores em que se institui e regem os sistemas tributários e, nessa medida, devem ser combatidos. É o caso dos ganhos emergentes das atividades desenvolvidas no ambiente da economia digital e das operações financeiras realizadas através de novas formas de ativos.

No seu conjunto, demandam dos governos melhores práticas em diversas direções, que hoje de aglutinam debaixo de uma expressão que é a governança e, em especial a boa governança.

4. Governança global, factos tributários e tributação efetiva

Segundo o Banco Mundial, a governança pode ser definida como o modo pelo qual o poder é exercido na administração dos recursos económicos e sociais, tendo em vista o desenvolvimento (*World Bank*, 1994). A Comissão Europeia considera que "[a] governança diz respeito às regras, processos e comportamentos segundo os quais são articulados os interesses, geridos os recursos e exercido o poder na sociedade", pelo que "[o] modo como são desempenhadas as funções públicas, geridos os recursos públicos e exercidos os poderes públicos regulamentares constituem os principais aspetos a ter em conta neste contexto". (Comissão, 2003)

De acordo com a *International Federation of Accountants* (IFAC) (2001; 2013), a governança compreende a estrutura (administrativa, política, económica, social, ambiental, legal e outras) que garante que os resultados pretendidos pelas partes interessadas sejam definidos e alcançados.

Mais especificamente, o conceito de boa governança (*good governance*) tem sido objeto de estudos por diversos organismos internacionais, como o Banco Mundial, FMI, ONU, UE e OCDE, por *think tanks* como o Fórum Económico Mundial, Bertelsmann Stiftung (BTI Transformation Index) e IMD (World Competitiveness Ranking), mas também pela academia, sendo de destacar os estudos de Weiss (2000), Bovaird & Loeffler (2016) e Addink (2019).

Não tem sido possível chegar a um conceito universal de boa governança pois, ao passo que o Banco Mundial começou por dar destaque a seis grandes dimensões de boa governança, como a voz e *accountability*, a estabilidade política e ausência de violência / terrorismo, a eficácia do governo, a qualidade regulatória e do estado de Direito, assim como o controlo da corrupção (Kaufmann et al., 2011), as Nações Unidas têm dado destaque à eficácia: i) competência; ii) boa formulação de políticas; e iii) colaboração; à responsabilidade: iv) integridade; v) transparência; e vi) supervisão independente; e à inclusão: vii) não deixar nenhuma pessoa ou grupo social para trás; viii) não discriminação; ix) participação; x) subsidiariedade; e xi) equidade intergeracional.

A União Europeia, por seu lado, acentua cinco princípios políticos, a saber: abertura, participação, accountability, eficácia e coerência, todos eles elementos constitutivos da base da democracia e do Estado de Direito, e doze princípios de boa governança democrática, designadamente: Participação, Representação e Conduta Justa de Eleições, Competência e Capacidade, Capacidade de Resposta, Inovação e Abertura à Mudança, Eficiência e Eficácia, Sustentabilidade e Orientação de Longo Prazo, Abertura e Transparência, Boa Gestão Financeira, Estado de Direito, Direitos Humanos, Diversidade Cultural e Coesão Social, bem como boa Conduta Ética e *Accountability*.

Finalmente, a OCDE, mais preocupada com as questões de natureza económica e financeira, incluindo de sustentabilidade fiscal e tributária, sublinha os valores institucionais: do governo aberto e do governo digital, boas finanças e atenção à economia, orçamento, emprego público, integridade no setor público, gestão de recursos humanos, compras públicas, transparência, serviços aos cidadãos, estre outros. (OECD, 2009)

A academia tem, do mesmo modo, trabalhado este conceito complexo, focando o relevo dos princípios, das instituições, dos direitos fundamentais, da liberdade e integridade humanas, da justiça e do respeito pelo estado de direito democrático, assim como a transparência, a *accountability* e a sustentabilidade. Por exemplo, Bevir (2011), no seu ensaio sobre a genealogia da governança, argumenta que a relação agente-principal para o setor público é estabelecida entre os cidadãos (principal) e os políticos ou gestores públicos (agentes) com o intuito de esclarecer o conflito de agência existente entre os cidadãos e os gestores públicos/políticos. Os cidadãos, sendo atores racionais, procuram maximizar seus interesses de curto prazo, privilegiando as políticas de bem-estar que os beneficiam como indivíduos, em vez dos efeitos de longo prazo, cumulativos e compartilhados resultantes do aumento dos gastos públicos. Por sua vez, os políticos, sendo também atores racionais, tentam maximizar seus interesses eleitorais de curto prazo, promovendo políticas que obterão os votos dos cidadãos racionais, em vez de perseguir a responsabilidade fiscal (Bevir, 2011, p. 106).

A governança num mundo global foca, assim, a questão de saber como os estados devem desempenhar um papel central na sociedade, de modo a garantir regimes democráticos eficientes, instituições públicas autónomas, equilibradas e confiáveis e elevados princípios aplicáveis a todos, incluindo os princípios, as regras e os valores de natureza tributária.

A ONU, a OMC, a OCDE e o FMI, bem como a União Europeia, têm desempenhado um papel na procura de regras e soluções globais, incluindo em matéria tributária. Com efeito, a tributação e a governança global estão intrinsecamente ligadas, uma vez que a primeira é um componente vital da estrutura de governança global para garantir que todos pagam impostos de acordo com a capacidade concretamente revelada, que os factos tributários não são artificialmente descaraterizados e que as bases tributárias não são erodidas para evitar o encargo do imposto na jurisdição onde, segundo os critérios estabelecidos, ela deveria ocorrer.

São hoje desafios da tributação internacional as práticas de planeamento tributário agressivo cujas estratégias visam a minimizar a carga fiscal que seria devida em condições normais se as operações económicas fossem realizadas entre empresas independentes, explorando, não raro, a ambiguidade e a falta de harmonização nas regras fiscais entre os estados.

Os conflitos de jurisdição, as práticas destinadas a evitar os conceito de estabelecimento estável, as que visam obstar ao funcionamento do princípio do *arm's lenght* estabelecido no artigo 9.º do Modelo de Convenção da OCDE sobre o rendimento e o património, têm constituído um feixe de problemas de alargada complexidade em que, num espaço de poucas décadas os desafios que os estados têm para resolver deixaram de ser os relativos à dupla tributação do rendimento para passar a ser os de dupla não tributação.

Por outro lado, são frequentes nos grupos multinacionais as práticas de erosão das bases tributárias através da modificação artificial da natureza dos rendimentos obtidos e das transferências de lucros (BEPS) através da exploração das diferenças entre regimes fiscais nacionais e da alteração artificial da natureza desses rendimentos com o objetivo de reduzir sua carga tributária global, transferindo lucros para jurisdições de baixa tributação. Isso prejudica a capacidade dos governos de arrecadar receitas fiscais justas.

Todos estes aspetos tornam urgentes medidas como as que têm vindo a ser tomadas para combater os fenómenos globais de elisão e evasão fiscais[1] em especial pela OCDE, pela União Europeia mas também pelo G20/OCDE através de várias iniciativas estruturantes, de que destacamos, sem esgotar:

[1] Empregamos aqui o conceito em sentido amplo e não necessariamente rigoroso para abranger todos os aspetos ou contornos do fenómeno de minimização da carga tributária por parte dos agentes no mercado. Para um aprofundamento do assunto pode ver-se Catarino, João Ricardo, Gestão e planeamento fiscal internacional, in Catarino, João Ricardo e Pereira, Paula Rosado, *Fiscalidade Internacional – Algumas Questões*, pág. 21 e ss., Almedina, 2023.

A – O *Relatório de 1988 da OCDE Harmful Tax Competition – An Emergencial Global Issue* surge como resposta às solicitações dos Estados membros para tratar de forma sistematizada o crescente problema da Concorrência Fiscal Prejudicial e dos seus efeitos sobre a erosão das bases tributárias sobre a qual são arrecadados os impostos. Divulgado em abril de 1998, o relatório teve por base os trabalhos do Comité de Assuntos Fiscais da OCDE e aborda as práticas fiscais prejudiciais materializadas no estabelecimento de regimes em jurisdições nele denominadas de Paraísos Fiscais ou Regimes fiscais preferenciais prejudiciais nos países membros e não membros da OCDE e seus territórios dependentes. Nesse se evidencia a forma como estas práticas se concentram em atividades geograficamente móveis, tais como atividades financeiras e outras atividades de serviços. O Relatório define ainda os fatores ou critérios utilizados na identificação de práticas tributárias prejudiciais e concretiza 19 recomendações abrangentes para contrariar tais práticas (OECD, 1998, p. 3)[2].

B – O *Código de conduta da U.E. para a fiscalidade das empresas*, constitui um relevante instrumento da União Europeia para promover uma concorrência mais leal em matéria fiscal, fora ou dentro das fronteiras da União Europeia. Estabelecido em 1997 sob a forma de um instrumento intergovernamental juridicamente não vinculativo, tem sido um importante instrumento para avaliar medidas fiscais preferenciais) que sejam potencialmente prejudiciais. O Código de Conduta está alinhado com os critérios da OCDE de disciplina das jurisdições que reúnem os requisitos que permitem qualificá-los como paraísos fiscais ou como jurisdições de baixa tributação.

O Código foi revisto no Conselho ECOFIN em 8 de novembro de 2022 com o propósito de alargar o seu âmbito de aplicação às medidas aos regimes fiscais preferenciais, mas também ao que se designa serem "particularidades fiscais de aplicação geral" que permitam possibilidade

[2] O Relatório *Harmful Tax Competition – An Emergencial Global Issue* é o instrumento por meio do qual os Estados-membros assumem o compromisso de implementar as recomendações da O.C.D.E., sendo composto por três capítulos, nomeadamente: (i) concorrência fiscal: fenómeno global; (ii) fatores para identificar Paraísos Fiscais e regimes fiscais preferenciais prejudiciais; (iii) combate à concorrência fiscal prejudicial (OECD, 1998).

de dupla não tributação ou que possam propiciar situações de dupla ou múltipla utilização de benefícios fiscais.

C – O *Relatório do Projeto BEPS* (Erosão da Base Tributária e Transferência de Lucros/*Base erosion and profit shifting*) de 2013, emergiu como uma resposta da OCDE e do G20 ao problema causado principalmente pelo planeamento fiscal agressivo de empresas multinacionais que deslocalizam os ganhos/rendimentos para Estados com pouca, ou nenhuma carga tributária, causando, assim, uma perda de arrecadação de tributos nos países sede. Estas práticas nocivas de grupos transnacionais afetam de forma severa todos os estados, incluindo os países em desenvolvimento. A perda anual de arrecadação fiscal foi calculada pela OCDE entre 100 e 240 mil milhões de dólares (OECD, 2021). O BEPS assume, de igual modo, uma grande importância para os países em desenvolvimento devido à sua forte dependência das receitas fiscais dos impostos sobre a renda das pessoas coletivas, particularmente de empresas multinacionais (OECD, 2021). Infere-se, portanto, a relevância do enfrentamento desse tipo de prática nociva para o regime tributário global e, em especial, para os países em desenvolvimento.

D – *O Plano de Ação BEPS*, de 2015, veio estabelecer iniciativas concretas em quinze domínios específicos onde mais se fazem sentir as práticas fiscais abusivas, tais como a prevenção da utilização abusiva dos acordos para evitar a dupla tributação, a adaptação das regras de preços de transferência aos objetivos de prevenção da erosão da base tributável, e bem assim a identificação das principais dificuldades de arrecadação tributária no contexto da economia digital e reforço da transparência e de métodos de coleta e análise de dados, entre outros.

Nesse sentido, tendo em vista acompanhar a implementação das medidas, foi criado em 2016 o Fórum – *Inclusive Framework for BEPS Implementation*. Trata-se de uma estrutura que conta atualmente com 139 países e jurisdições interessadas na implementação do Plano BEPS, permite ao Fórum "trabalhar com os membros da OCDE e do G20 no desenvolvimento de normas sobre questões relacionadas ao BEPS e na revisão e monitorização da implementação de todo o pacote BEPS", (OECD, 2021; OECD, *Background brief – inclusive framework on BEPS*, OECD, 2017).

E – As *Diretivas ATAD da União Europeia* – No seguimento das conclusões alcançadas nos relatórios do projeto desenvolvido pelo G20 e pela OCDE para a prevenção da erosão da base tributável e da transferência de lucros (BEPS – *Base Erosion and Profit Shifting*), a União Europeia veio diligenciar no sentido de aprovar duas iniciativas legislativas, designadas por ATAD ("*Anti Tax Avoidance Directive*"), que têm em vista o estabelecimento de instrumentos anti abuso para prevenir as práticas de elisão fiscal por parte das empresas.

O processo de integração na União Europeia determina a transposição, por parte dos Estados-membros, das diretivas emitidas pelo Conselho, cabendo aos Estados-membros, dentro de um prazo razoável e com a possibilidade de conformação limitada, a transposição das regras europeias para regras nacionais. As ATAD visam promover o combate à fuga ao pagamento dos impostos e uma maior eficácia na respetiva cobrança. A Lei n.º 24/2020, de 6 de julho, transpõe para o ordenamento jurídico interno a Diretiva Anti Elisão Fiscal, introduzindo alterações ao Código do IRC.

F – O *MLI – Multilateral Instrument* – O impropriamente designado Instrumento Multilateral ou Convenção Multilateral (*Multilateral Instrument* ou MLI) para a aplicação das medidas relativas às convenções fiscais destinadas a prevenir a erosão da base tributária e a transferência de lucros é o documento que concretiza o plano de ação desenvolvido pela OCDE "*Base Erosion and Profit Shifting*" (BEPS), com vista à introdução de um novo paradigma na negociação dos acordos de dupla tributação internacional, possibilitando uma atuação coordenada das diversas jurisdições contratantes do MLI e introduzindo maior flexibilidade na atualização acelerada das Convenções sobre Dupla Tributação (CDT).

Este instrumento assenta no pressuposto de que a negociação / alteração em base bilateral de todas e cada uma das Convenções sobre Dupla Tributação por cada um dos estados contratantes seria um processo excessivamente moroso e incompatível com a urgência em delimitar o fenómeno da concorrência fiscal prejudicial e as práticas de erosão das bases tributárias e de modificação artificial da natureza dos rendimentos dos grupos multinacionais. Através dele estabeleceram-se critérios gerais com base nos quais se procura alterar de forma coordenada as CDTs no sentido de que neles se passaram a estabelecer os novos critérios no domínio da tributação internacional para evitar ou mitigar o fenómeno (Pereira, 2022).

O conjunto dos instrumentos celebrados não esgota, bem longe disso, todos os atos com relevância no domínio da problemática da tributação internacional e seus desafios. Mas eles revelam, no seu conjunto, a incompletude dos sistemas fiscais para fazer face a uma economia crescentemente globalizada.

Exemplo disso é o caso específico a economia digital onde, novos produtos e formas de criar riqueza entraram em cena sem que houvesse, sequer, regras para a sua necessária tributação. Aqui se insere o caso das moedas digitais que vamos analisar a seguir.

5. A economia digital e a tributação – no âmago de uma nova rutura?

A economia digital, também conhecida como economia da internet, diz respeito ao conjunto de atividades económicas que são desenvolvidas digitalmente através da internet e das tecnologias de comunicação e da informação. Ela parece contrapor-se à economia dita tradicional e constituir uma nova economia, baseada num elevado crescimento económico e em significativos ganhos de produtividade.

Abarca uma alargada tipologia de setores de atividade, serviços e produtos que são disponibilizados online. Associados à nova economia têm surgido alguns conceitos como *e-trade*, *e-business* e economia digital. Esta teve a virtualidade de transformar a forma como as empresas e os consumidores interagem num contexto de mercado. É consabido que a economia digital trouxe inúmeras vantagens para os cidadãos e para as empresas. Todavia, as atividades digitais e os novos modelos de negócio colocam um desafio acrescido aos sistemas de tributação nacionais.

A realidade digital não pode ser ignorada, pois ocupa, sem dúvida, um lugar destacado nas nossas vidas. As sociedades humanas e o modo como hoje se desenvolvem as atividades económicas que recorrem à utilização de recursos digitais destacam, com intensidade crescente, o relevo da economia digital.

Os criptoativos podem ter como base realidades tão diferenciadas como meios de pagamento, valores mobiliários e o acesso a certas prestações de serviços ou até mesmo bens. A possibilidade de assumirem uma variedade quase infinita de representações, formas e conteúdos, torna o estudo e a sistematização dos criptoativos muito complexa, dificultando o seu estudo e análise, assim como o seu tratamento fiscal.

Com efeito, em virtude da sua novidade e multiplicidade de formas, objetos e fins, nem os sistemas fiscais nem as instâncias internacionais mais atentas a estes fenómenos disruptivos estavam dotados de regras que permitissem a tributação efetiva das atividades digitais, da economia e dos *outputs* digitais. Na verdade, ela apresenta desafios únicos de tributação, pois as empresas podem operar em diferentes jurisdições sem uma presença física significativa na jurisdição para a qual vendem os seus produtos e serviços. (Pires, 2023). O problema da tributação dos ganhos dos operadores neste tipo de economia mereceu, no Relatório BEPS, uma atenção específica pela via do estabelecimento de uma ação específica relativa à necessidade de alterar / alargar o conceito de estabelecimento estável que consta do Modelo de convenção da OCDE.

Para o efeito está em curso uma reforma mais global das regras internacionais em matéria de fiscalidade das empresas no quadro do G20 e da OCDE/UE. Estes esforços estão a ser concretizados através do Quadro Inclusivo de G20/OECD sobre a erosão das bases tributáveis e a transferência de lucros (BEPS), com a participação de mais de 140 países e jurisdições.

Em 8 de outubro de 2021, o Quadro Inclusivo da OCDE/G20 sobre a BEPS chegou a um acordo relativamente aos aspetos principais de uma reforma das regras internacionais em matéria de tributação dos lucros das empresas multinacionais assente numa solução de dois pilares. O Pilar Um estabelece regras e mecanismos que irão obrigar à reafectação dos direitos de tributação entre as jurisdições em que os grupos multinacionais mais rentáveis e de maior dimensão operam e obtêm os seus lucros.

Adicionalmente, o Pilar Dois estabelece regras sobre a tributação mínima efetiva dos grupos multinacionais de elevada dimensão, com o propósito de reduzir as possibilidades de erosão da base coletável e de transferência de lucros. Este pilar visa ainda assegurar que estes grupos fiquem sujeitos ao pagamento da taxa mínima de imposto sobre os lucros, estabelecida a nível mundial de 15%. Como se vê, a interconexão entre tributação e governança global destaca a necessidade de cooperação internacional para lidar com os desafios tributários que transcendem as fronteiras nacionais. A economia digital tem demandado uma moeda digital, denominada de "*cashless city*" e "*cashless economy*" (M.H. Helmi et al., 2023).

Por isso, mais recentemente, têm ganho relevo os ganhos com as operações económicas sobre criptoativos (palavra oriunda do grego criptos, significando "escondido" ou "secreto"), por vezes designados, de forma redutora, como criptomoedas ou moedas digitais. A cripto atividade é hoje uma parte relevante da economia digital para a qual esta publicação dirige a sua atenção em face das ainda largas dificuldades em entender como funciona e como deve ser tributada.

A União Europeia adotou uma postura proativa com respeito à regulamentação dos criptoativos e às moedas digitais, mas tem tido dificuldades em acompanhar os desenvolvimentos tecnológicos e os novos desafios (Šime Jozipović, 2022).

Portugal foi considerado como um país *crypto-amigável* por não possuir, durante alguns anos, regras expressas sobre a tributação dos criptoativos. Com efeito, e atento o quadro legal vigente até 31 de dezembro de 2023, apenas duas orientações administrativas regulavam esta realidade, materializadas nas fichas doutrinárias emitidas pela Autoridade Tributária e Aduaneira portuguesa, em resposta a pedidos de informação vinculativa: Fichas Doutrinárias nº 14910, 2019 e 5717, 2016. De acordo com o Relatório de 2022 da consultora Chainalysis, o volume de criptoativos transacionados em Portugal, entre julho de 2021 e junho de 2022, terá crescido perto de 5% (30 mil milhões de euros), quando comparado ao período homólogo, valor que representa cerca de 14% do PIB português em 2021 (215 mil milhões de euros) (PORDATA, 2022).

Este quadro interno de Portugal, favorável a este tipo de operações, mudou com a introdução de novas regras que hoje suportam um quadro legal específico para a tributação dos criptoativos, no âmbito do IRS, IRC (consoante se trate de pessoa singular ou coletiva), Imposto Selo e IMT (sobre o valor de comissões, no primeiro caso, e sobre o valor de transmissões gratuitas que não beneficiem de exclusão).

Em sede de IRS, para efeitos da categoria B, prevêm-se expressamente as atividades comerciais decorrentes de operações relacionadas com a emissão de criptoativos ou validação de transações através de mecanismos de consenso (como é exemplo a atividade de *mining* ou mineração). No regime simplificado de IRS passa a aplicar-se o coeficiente de 0,15 às vendas de criptoativos e o coeficiente de 0,95 aos rendimentos provenientes da mineração de criptoativos. Os rendimentos consideram-se obtidos no momento da alienação onerosa dos criptoativos.

São considerados rendimentos de capitais (categoria E do IRS) quaisquer formas de remuneração decorrentes de operações relativas a criptoativos. Todavia, quando assumam a forma de criptoativos, estes ganhos são tributados como mais-valia no momento da alienação dos criptoativos recebidos. Por outro lado, foi aditada a alínea k) ao número 1 do artigo 10.º do Código do IRS, tributando como mais-valias a alienação onerosa de criptoativos que não constituam valores mobiliários. A regra *first-in-first-out* (FIFO) aplica-se igualmente aos criptoativos. Deste modo, nos termos da alínea g) do número 6 do artigo 43.º do Código do IRS, para determinação da mais-valia e da data de aquisição, considera-se que são alienados os criptoativos adquiridos há mais tempo. Presume-se que o valor de alienação é o valor de mercado à data da alienação.

O Código do IRS passou a considerar criptoativo toda a representação digital de valor ou direitos que possa ser transferida ou armazenada eletronicamente recorrendo à tecnologia de registo distribuído ou outra semelhante (tecnologia *blockchain*). Excluem-se desta definição, para efeitos do IRS, os criptoativos únicos e não fungíveis com outros criptoativos. Assim, ficarão excluídos desta definição os *non fungible tokens* (NFT), por exemplo, conforme determinado pelo número 18 do artigo 10.º do Código do IRS.

Está também prevista a exclusão da tributação dos ganhos obtidos, bem como das perdas incorridas, resultantes das operações previstas na alínea k) do número 1 do artigo 10.º do Código do IRS, relativas a criptoativos detidos por um período igual ou superior a 365 dias. O Orçamento do Estado para 2023 estabelece uma norma transitória nos temos da qual o período de detenção dos criptoativos adquiridos antes da data da sua entrada em vigor (1 de janeiro de 2024) é considerado para efeitos de contagem do período de detenção.

Quando não se aplique esta exclusão e a contraprestação das alienações previstas na alínea k) do número 1, incluindo as relativas a criptoativos recebidos em relação a outras formas de remuneração referenciadas no artigo 5.º do Código do IRS, assuma a forma de criptoativos, não há lugar a tributação, atribuindo-se aos criptoativos recebidos o valor de aquisição dos criptoativos entregues, determinado nos termos do Código do IRS (número 20 do artigo 10.º do Código do IRS).

Assim, como se vê, são tributadas pela categoria B todas as atividades comerciais ou profissionais relacionadas com criptoativos, em que se incluem as atividades de produção, emissão e transação de criptoativos. Enquadram-se na categoria E os rendimentos decorrentes de investimentos pela detenção de criptoativos (tais como os frutos), e são enquadrados na categoria G os rendimentos decorrentes da alienação de criptoativos que não constituam valores mobiliários.

Adicionalmente, como já resulta da interpretação dos artigos 1.º, 2.º, 8.º e 11.º do Código do IRS, qualquer rendimento do trabalho dependente ou pensões pagos em criptoativos e determinados rendimentos prediais pagos igualmente em criptoativos (*i.e.*, rendimentos em espécie), serão sujeitos às regras de tributação previstas para as categorias A, F e H do Código do IRS.

6. Referências

Addink, H. (2019). *Good Governance: Concept and Context.* Oxford University Press.

Baer, K. et al. (2023). International Monetary Fund (IMF). Taxing Cryptocurrencies. Disponível em: https://www.imf.org/en/Publications/WP/Issues/2023/06/30/TaxingCryptocurrencies-535510.

Bevir, M. (2011). Governança democrática: uma genealogia. *Revista Sociologia Política*, v. 19, n.39, pp. 103-114, jun. Disponível em: https://revistas.ufpr.br/rsp/article/view/31688/20208.

Bovaird, T., Loeffler, E. (2016). *Public Management and Governance.* 4.ª edition.

Bovaird, T. (2005). Public governance: balancing stakeholder power in a network society. *International Review of Administrative Sciences*, v. 71, n. 2, pp. 217-228, jun.

Bovaird, T.; Löffler, E. (2003). Evaluating the quality of public governance: indicators, models and methodologies. *International Review of Administrative Sciences*, v. 69, n. 3, pp. 313-328, set.

Catarino, J. R. (2015). Gestão e planeamento fiscal internacional. In Catarino, J. R. Guimarães. V. B. *Lições de fiscalidade – Gestão e planeamento internacional.* Vol. II. Almedina.

Catarino, J. R. (2023). A liberdade de gestão e o planeamento fiscal internacional. In Catarino, J. R. Pereira, P. R. (orgs.) *Fiscalidade Internacional – Questões Atuais.* Almedina.

Comissão das Comunidades Europeias. (2003). *Comunicação da Comissão ao Conselho, ao Parlamento Europeu e ao Comité Económico e Social Europeu: Governança e Desenvolvimento*, Bruxelas.

Daskalakis, N.; Georgitseas, P. (2020). An Introduction to cryptocurrencies: The crypto market ecosystem. London: Routledge.

Falcão, T. (2018). Tributação das criptomoedas: uma perspectiva comparada. In: piscitelli, Tathiane (org.). Tributação da economia digital. São Paulo: Thomson Reuters: Revista dos Tribunais, pp. 211–242.

Faria, R. V. Regime Jurídico do VoIP. In: FARIA, Renato Vilela; Silveira,Ricardo M.; Monteiro, A. L. M. Rêgo (org.) (2018). Tributação da economia digital: desafios no Brasil, experiência internacional e novas perspectivas. São Paulo: Saraiva Jur. p. 588–650.

International Monetary Fund (IMF). Elements of Effective Policies for Crypto Assets. (2023). Disponível em: https://www.imf.org/en/Publications/Policy-Papers/Issues/2023/02/23/Elements-of-Effective-Policies-for-Crypto-Assets-530092

Jiménez, J. P.; Podestá, A. (2021). Tributación indirecta sobre la economía digital y su potencial recaudatorio en América Latina: Emparejando la cancha en tiempos de crisis. Panamá: Centro Interamericano de Administraciones Tributarias – CIAT. Documentos de Trabajo DT-02-2021. Disponível em: https://biblioteca.ciat.org/opac/book/5754.

Jorratt, M. (2020). Experiencias internacionales en la tributación de la economía digital: Nota Técnica IDB-TN-1939. Washington: Banco Interamericano de Desenvolvimento, 2020. Disponível em: https://publications.iadb.org/es/experiencias-internacionales-en-la-tributacionde-la-economia-digital.

Kant. I. (2002). *Fundamentação da metafísica dos costumes*. São Paulo: Martin Claret.

Kant, I. (2003). *Crítica da razão prática*. São Paulo: Martin Claret.

Lewis N. D. (1998). Governance, corporate governance and the public interest, *Corporate Governance International*, 2, pp. 13-21.

OECD. (2023). *Government at a Glance*. 7th edition.

M.H. Helmi et al. (2023). The impact of central bank digital currency news on the stock and. Elsevier, 16.

Merkx, M. (2019). VAT and Blockchain: Challenges and Opportunities Ahead. EC Tax Review, Holanda, v. 28, n. 2, p. 83–89, disponível em: hdl.handle.net/1765/115403.

Müller, R. (2020). Building a Blockchain for the EU VAT. Tax Notes International, [s. l.], v. 100, pp. 1043–1050. Disponível em: https://www.taxnotes.com/tax--notesinternational/value-added-tax/building-blockchain-euvat/2020/11/23/2d6nl?highlight=blockchain.

OECD. (2020). Taxing virtual currencies: An overview of tax treatments and emerging tax policy issues. Paris: OECD Publishing. Disponível em: https://www.oecd.org/tax/taxpolicy/taxing-virtual-currencies-an-overview-of-tax--treatments-and-emerging-tax-policyissues.pdf.

OECD. (2019). The sharing and gig economy: effective taxation of platform sellers: Forum on Tax Administration. Paris: OECD. Disponível em: https://doi.org/10.1787/574b61f8-en.

OECD/WBG/CIAT/IDB. (2021). VAT digital toolkit for Latin America and the Caribbean. Paris: OECD. Disponível em: https://www.oecd.org/tax/consumption/vat-digital-toolkit-forlatin-america-and-the-caribbean.pdf.

Olbert, M.; Spengel, C. (2019). Taxation in the digital economy: Recent policy developments and the question of value creation. ZEW Discussion Papers, No. 19-010. Mannheim: ZEW – Leibniz Centre for European Economic Research. Disponível em: http://hdl.handle.net/10419/194870.

Owens, J.; De Jong, J. (2017) Taxation on the Blockchain: Opportunities and Challenges. Tax Notes International, [s. l.], v. 87, p. 601–612. Disponível em: https://www.wu.ac.at/fileadmin/wu/d/i/taxlaw/institute/WU_Global_Tax_Policy_Center/Articles_by_Owens/Owens_de_Jong _2017_ Taxation_on_the Blockchain.pdf.

Owens, J.; Tavares, R. J. S. Global value chain policy series: taxation. Genebra: World Economic Forum, 2018. (White Papers). Disponível em: http://www3.weforum.org/docs/WP_Global_Value_Chain_Policy_Series_Taxation_report_2018.pdf.

Pessoa Tavares, D. (2023). Troca de informações no plano internacional, in: Catarino, J. R. Pereira, P. R. (orgs.), Fiscalidade Internacional – Questões Atuais, pp. 557--662 Almedina.

Pereira, P. R. (2022). *Convenções sobre Dupla Tributação no Atual Direito Fiscal Internacional*, (2.ª ed.) Almedina.

Pires, R. (2023). Bases da tributação digital – reflexão histórica sobre a tributação direta da economia digital: dos primórdios ao BEPS 2.0, in *Fiscalidade Internacional*, Almedina.

Silva, B. A. (2023). BEPS 2.0: Os pilares Um e Dois e a tributação da economia digital in *Fiscalidade Internacional,* Almedina.

Šime Jozipović, M. P. (2022). Tax Compliance in the Era of Cryptocurrencies and. EC TAX REVIEW, pp. 17-29.

Uhdre, D. de C. (2021). Blockchain, tokens e criptomoedas: análise jurídica. São Paulo, Brasil: Almedina. (Coleção Manuais profissionais).

Weiss, T. G. (2000). Governance, Good Governance and Global Governance: Conceptual and Actual Challenges. *Third World Quarterly, 21*(5), 795–814. http://www.jstor.org/stable/3993619.

Vazquez, J. M. (2017). Indirect taxation of digital services after Beps: an multilateral instrument to achieve harmonization and effective enforcement. International Tax Journal, [s. l.], v. 43, n. 5, pp. 19–72. Disponível em: H ttps://heinonline.org/HOL/P?h=hein.journals/intaxjo43&i=251.

CONCEITOS FUNDAMENTAIS SOBRE CRIPTOATIVOS

Metodologia

— Os conceitos relacionados com criptoativos são apresentados com a tradução correspondente, seja português-inglês ou inglês-português, com exceção dos anglicismos. A definição dos conceitos é descrita no idioma principal da obra – português, independentemente da origem dos mesmos.

— Os conceitos são listados por ordem alfabética, sendo considerado, para efeitos dessa ordenação, o mais utilizado, quer seja em língua portuguesa ou inglesa.

— O modo de referir os conceitos inclui palavras completas, assim como abreviações formadas pelas letras iniciais (siglas), conforme a forma mais comummente utilizada.

— Os conceitos em língua estrangeira (não nativas do idioma principal da obra – português) são escritos em itálico.

— As referências cruzadas para outros termos relacionados são apresentadas com a indicação "Referência cruzada:", destinando-se a facilitar a compreensão e relação entre os conceitos.

— Os conceitos já definidos em normas legais ou regulamentares relevantes no ordenamento jurídico português e no direito da União Europeia são apresentados com a indicação "Definição legal / regulamentar:".

— Foram incluídas "Outras referências" quando, independentemente da existência de definição legal ou regulamentar, se pretende destacar outras normas legais ou regulamentares concretamente aplicáveis.

— A obra contém um índice remissivo e uma tabela dupla português--inglês, que permite facilmente encontrar os conceitos.

Conceitos por ordem alfabética

A

1.	AEoI *Automatic Exchange of Information*	**TROCA AUTOMÁTICA DE INFORMAÇÕES**

Modalidade de troca de informações que consiste na comunicação sistemática de informações predefinidas entre administrações fiscais de diferentes Estados / jurisdições, sem pedido prévio, em intervalos regulares pré-estabelecidos.

Em matéria fiscal, a troca automática de informações tem por base os padrões internacionais definidos pela *Organisation for Economic Cooperation and Development* (OCDE) e pela União Europeia, em particular na Diretiva 2011/16/UE do Conselho, de 15 de fevereiro de 2011 (na redação atualizada), vulgarmente referida com o acrónimo "DAC" (*Directive on Administrative Cooperation*) e respetivos Regulamentos de execução.

A troca automática de informações sobre criptoativos entre administrações fiscais está prevista na DAC8 (oitava alteração à DAC, operada pela Diretiva (UE) 2023/2226) e no CARF (cujo acordo multilateral – *Multilateral Competent Authority Agreement* – MCAA – ainda não foi, à data, aberto para assinatura).

|**Referência cruzada:** CARF, DAC, DAC8, regulação.

|**Definição legal / regulamentar:** artigo 3.º, n.º 9, da Diretiva 2011/16/UE (na redação atualizada) e no artigo 3.º, n.º 1, alínea i), do Decreto-Lei n.º 61/2013, de 10 de maio (na redação atualizada).

|**Outras referências:** comentário 9 e seguintes ao artigo 26.º do Modelo de Convenção Fiscal sobre o Rendimento e o Património da OCDE.

2.	AIRDROP	AIRDROP

Forma de distribuição de novos criptoativos, mais comummente de *tokens não nativos* (*i.e.*, *tokens* que são emitidos numa *blockchain* já existente, através de contratos inteligentes).

Um *airdrop* consiste numa distribuição gratuita (não remunerada), em que os respetivos beneficiários não pagam, nem prestam, necessariamente, qualquer serviço. Esta forma de distribuição está maioritariamente associada a *tokens* com funções de utilização (em particular, *utility tokens*).

Os *airdrops* apresentam como principais propósitos: (i) promover a divulgação pública de um novo criptoativo ou projeto; (ii) promover a diversificação e alargamento da quantidade de titulares de novos criptoativos; ou também (iii) recompensar os detentores "leais"/"fiéis" de um determinado *token*, distribuindo-lhes gratuitamente mais *tokens* (*rewards* - compensação pela lealdade). Estas distribuições podem ser baseadas na quantidade de *tokens* que o detentor já possui.

Existem diversos métodos de distribuição de *airdrops* para carteiras digitais (*wallets*) em *blockchain*, sendo que nem todos implicam o prévio conhecimento dessa distribuição pelos respetivos beneficiários. Entre os métodos mais frequentes salientam-se os seguintes: (i) a distribuição baseada na detenção de outros *tokens* (em que os detentores do *token* selecionado recebem o *airdrop* com base na quantidade de *tokens* que possuem num determinado momento); (ii) a distribuição para carteiras de forma aleatória (independentemente dos *tokens* que possam já ser detidos); (iii) a distribuição em resultado da participação em certas atividades, como a inscrição em *newsletter*, a participação numa comunidade online, ou a realização de contributos para um projeto (testes, *feedback*, etc.); e, entre outros; e (iv) a distribuição de *airdrops* de *hard forks* (quando uma *blockchain* passa por um *hard fork* - alteração significativa no protocolo - os detentores do criptoativo original podem receber automaticamente uma quantidade proporcional do novo criptoativo criado pelo *fork*).

|Referência cruzada: criptoativo, hard fork, token, utility token, wallet.

3.	**ALGORITMO**	ALGORITHM

Sequência finita de ações executáveis, com base em raciocínios matemáticos, que têm como objetivo obter uma solução para um problema específico ou resolver um cálculo.

4.	ALTCOIN	**ALTCOIN**

Qualquer criptoativo que não seja o Bitcoin. *I.e.*, qualquer alternativa ("alt") a um criptoativo (vulgarmente, criptomoeda: "coin").

|Referência cruzada: Bitcoin, criptomoeda.

5.	AML/CFT *Anti-Money Laundering and Countering the Financing of Terrorism*	**BC/FT** *Prevenção do Branqueamento de Capitais e Financiamento do Terrorismo*

AML/CFT refere-se ao conjunto das normas (legais ou regulamentares), políticas, procedimentos e controlos destinados à prevenção e combate ao BC/FT, respetivamente.

O branqueamento de capitais é um processo que tem por objetivo a ocultação de bens, capitais ou produtos com a finalidade de lhes dar uma aparência final de legitimidade, procurando dissimular a sua origem criminosa. Entende-se como branqueamento de capitais:

(i) A conversão ou transferência de bens, com conhecimento de que esses bens provêm de uma atividade criminosa ou da participação numa atividade dessa natureza, com o fim de encobrir ou dissimular a sua origem ilícita ou de auxiliar quaisquer pessoas implicadas nessa atividade a furtarem-se às consequências jurídicas dos atos por elas praticados;

(ii) O encobrimento ou a dissimulação da verdadeira natureza, origem, localização, utilização, circulação ou propriedade de determinados bens ou de direitos sobre esses bens, com conhecimento de que tais bens provêm de uma atividade criminosa ou da participação numa atividade dessa natureza;

(iii) A aquisição, detenção ou utilização de bens, com conhecimento, no momento da sua receção, de que provêm de uma atividade criminosa ou da participação numa atividade dessa natureza;

(iv) A participação num dos atos a que se referem as alíneas anteriores, a associação para praticar o referido ato, a tentativa e a cumplicidade na sua prática, bem como o facto de facilitar a sua execução ou de aconselhar alguém a praticá-lo.

Constitui crime de "branqueamento de capitais" as condutas previstas e punidas pelo artigo 368.º-A do Código Penal português.

O financiamento do terrorismo consiste no fornecimento ou na recolha de fundos, por quaisquer meios, direta ou indiretamente, com a intenção de serem utilizados ou sabendo que serão utilizados, total ou parcialmente, tendo em vista a prática de atos terroristas ou de qualquer outro ato destinado a causar a morte ou ferimentos corporais graves num civil ou em qualquer pessoa que não participe diretamente nas hostilidades numa situação de conflito armado, sempre que o objetivo desse ato, devido à sua natureza ou contexto, vise intimidar uma população ou obrigar um governo ou uma organização internacional a praticar ou a abster-se de praticar qualquer ato.

Constitui crime de "financiamento do terrorismo" as condutas previstas e punidas pelo artigo 5.º-A da Lei n.º 52/2003, de 22 de agosto, na sua redação atualizada (Lei de combate ao terrorismo).

|**Referência cruzada:** regulação.

|**Definição legal / regulamentar:** artigo 1.º, n.ºs 3 e 5, da Diretiva (UE) 2015/849 (na redação atualizada), artigo 2.º, n.º 1, alíneas j) e s), da Lei n.º 83/2017, de 17 de agosto (na redação atualizada), artigo 5º-A, n.ºs 1 e 2 da Lei n.º 52/2003, de 22 de agosto (Lei de combate ao terrorismo, na redação atualizada) e artigo 368.º-A do Decreto-Lei n.º 48/95, de 15 de março (Código Penal português, na redação atualizada).

6.	API *Application Programming Interface*	**INTERFACE DE PROGRAMAÇÃO DE APLICAÇÕES**

As API, ou interfaces de programação de aplicações, são conjuntos de regras, protocolos ou ferramentas que permitem a diferentes sistemas de *software* comunicar entre si. As API facilitam a integração e partilha de dados através de regras e protocolos específicos.

7.	ART *Asset Referenced Token*	**TOKEN REFERENCIADO A ATIVO**

Subtipo específico de criptoativo, também designado "criptoficha referenciada a ativos" (terminologia do MiCAR), que procura manter um valor estável por referência a outro valor, ou direito, ou a uma combinação de ambos, em que podem incluir-se uma ou várias moedas fiduciárias.

A estabilidade, neste contexto, consiste em manter inalterado ou quase inalterado um valor ou um preço em relação a um ou mais ativos de referência, apesar das possíveis flutuações causadas no ambiente externo ou pelas condições de mercado.

Os ART pretendem manter um valor estável referenciando uma cesta de ativos, que pode incluir moedas fiduciárias, *commodities* ou uma combinação de diferentes ativos.

Normalmente, um ART é criado e opera numa *blockchain* ou outra DLT já existente, aproveitando a infraestrutura e a segurança dessa mesma *blockchain* (*token* não nativo). A sua emissão está associada a contratos inteligentes (*smart contracts*) que funcionam de forma autoexecutável numa DLT, sendo frequentemente emitidos em plataformas que permitem a criação de *tokens* personalizados, como Ethereum (como *tokens* ERC-20, por exemplo).

Por regra, um ART é um *token* fungível, com uma função de pagamento, constituindo um tipo de *stablecoin* (*lato sensu*), na medida em que pretende manter um valor estável.

|**Referência cruzada:** asset token, blockchain, criptoativo, EMT, MiCAR, smart contract, stablecoin, token.

|**Definição legal / regulamentar:** artigo 3.º, n.º 1, ponto 6) do Regulamento (UE) 2023/1114 (MiCAR).

8.	ASSET TOKEN	**TOKEN DE ATIVOS**

Subtipo de criptoativo que representa um ativo real ou digital ou um direito sobre um ativo real ou digital.

Normalmente, um *asset token* é criado e opera numa *blockchain* ou outra DLT já existente, aproveitando a infraestrutura e a segurança dessa mesma *blockchain* (*token* não nativo). A sua emissão está associada a contratos inteligentes (*smart contracts*) que funcionam de forma autoexecutável numa DLT, sendo frequentemente emitidos em plataformas que permitem a criação de *tokens* personalizados, como Ethereum (como *tokens* ERC-20 ou ERC-721 para NFTs, por exemplo).

Estes *tokens* podem representar bens ou ativos tangíveis (tais como *tokens* de bens imóveis, *commodities* – como ouro ou o petróleo, recursos naturais ou obras de arte) ou intangíveis (como, por exemplo, os *tokens* de patentes, direitos de autor ou ativos financeiros – tais como obrigações ou ações).

O processo de reprodução de bens / ativos, sejam estes reais (físicos) ou digitais, ou de direitos associados a esses bens / ativos, numa representação digital única (o *token*) é designado de "tokenização". Esta transformação implica a atribuição de um identificador único e o registo de metadados específicos, tais como informação do autor e outros atributos que definem a sua unicidade e propriedade, preparando o ativo digital para a sua inclusão na *blockchain*.

Após serem criados, os *asset tokens* são mantidos em *wallets* ou carteiras digitais e podem ser transacionados em *blockchain*.

|**Referência cruzada:** blockchain, criptoativo, smart contract, token, tokenização, wallet.

9.	**ATIVO DIGITAL**	DIGITAL ASSET

Tipo de ativo que possui valor (económico, cultural, ou outro dependendo da sua natureza e uso) e que existe exclusivamente em formato eletrónico ou digital.

Os ativos digitais são caracterizados pela sua natureza digital e pela dependência de sistemas de computador para a sua existência e gestão e incluem dados, informações e conteúdos que podem ser armazenados, utilizados e transferidos eletronicamente.

São exemplos comuns de ativos digitais os criptoativos (e, dentro dessa categoria, por exemplo, as criptomoedas), os arquivos digitais de músicas, de vídeo, de fotografias, de obras de arte digital e *e-books*, assim como o *software*, as bases de dados, e a propriedade intelectual digital.

|**Referência cruzada:** blockchain, criptoativo, criptomoeda, token.

10.	ATIVO VIRTUAL	VIRTUAL ASSET

Termo particularmente utilizado no domínio regulatório e da prevenção do BC/FT.

Nestes domínios, um ativo virtual é um tipo de ativo digital que consiste numa representação digital de valor que pode ser comercializado ou transferido digitalmente e que pode ser utilizado para fins de pagamento ou investimento. Os ativos virtuais não incluem representações digitais de moedas fiduciárias, valores mobiliários e outros ativos financeiros.

De acordo com a nota interpretativa da Recomendação 15 do GAFI e com a Lei n.º 83/2017, de 18 de agosto, um ativo virtual é definido como "uma representação digital de valor que não esteja necessariamente ligada a uma moeda legalmente estabelecida e que não possua o estatuto jurídico de moeda fiduciária, valor mobiliário ou outro instrumento financeiro, mas que é aceite por pessoas singulares ou coletivas como meio de troca ou de investimento e que pode ser transferida, armazenada e comercializada por via eletrónica".

Os instrumentos da União Europeia, incluindo os que se encontram em fase de aprovação, procedem, gradualmente, à substituição do termo "ativo virtual" por "criptoativo" (nomeadamente, a Proposta de Regulamento relativo à prevenção da utilização do sistema financeiro para efeitos de BC/FT – COM/2021/420 final, e a proposta de Diretiva relativa a mecanismos a criar pelos Estados-Membros para prevenir a utilização do sistema financeiro para efeitos de BC/FT – COM/2021/423 final).

|**Referência cruzada:** AML/CFT, criptoativo, criptomoedas, currency token, GAFI, regulação.

|**Definição legal / regulamentar:** artigo 2.º, n.º 1, alínea ll), da Lei n.º 83/2017, de 18 de agosto (na redação atualizada), e artigo 3.º, n.º 18, da Diretiva (UE) 2015/849 (na redação atualizada).

11.	**ATM DE CRIPTOATIVOS**	CRYPTO-ATMS

Um ATM de criptoativos, também designado "caixa automática de criptoativos ou "crypto-asset automated teller machines", consiste num terminal físico ou eletrónico em linha que permitem a um VASP / CASP ou outras exchanges centralizadas (CEX) exercer, em especial, as atividades de troca e transferência de criptoativos.

|**Referência cruzada:** CASP, CEX, criptoativo, VASP.
|**Definição legal / regulamentar:** artigo 3.º, n.º 17, do Regulamento (UE) 2023/1113 (TFR).

B

12.	BENCHMARK	**REFERÊNCIA DO MERCADO**

Ponto de referência ou padrão utilizado para avaliar o desempenho, a qualidade ou outras características de um ativo, fundo, investimento, processo ou estratégia.

É uma medida comparativa que é frequentemente usada no contexto das finanças para identificar um ponto de referência ou padrão utilizado para comparar o desempenho de um investimento, fundo ou carteira, que geralmente corresponde a um índice representativo do mercado ou de um setor específico.

13.	BIG DATA	**GRANDE VOLUME DE DADOS**

Conjunto de dados volumosos, complexos e variados, que são processados a grande velocidade com recurso a ferramentas tecnológicas e a métodos analíticos avançados, e cujo processamento permite, nomeadamente, antecipar ou prever comportamentos, padrões e tendências.

O conceito de "big data" é estruturado em três características-chave (três "Vs"): (i) volume: que respeita à quantidade massiva de dados gerados e processados por segundo; (ii) velocidade: que respeita à rapidez da geração e do processamento dos dados; e (iii) variedade: que respeita à diversidade de tipos e formatos em que os dados estão disponíveis.

14.	BITCOIN	BITCOIN

O Bitcoin corresponde a um código digital que utiliza criptografia e tecnologia *blockchain*, e constitui um exemplo de criptoativo, mais particularmente, uma criptomoeda.

O Bitcoin não tem forma física, sendo as respetivas unidades criadas através de fórmulas matemáticas complexas, rastreadas por uma rede de computadores (nós ou *nodes*), de forma descentralizada, sem recurso a uma autoridade pública ou organização centralizadora.

Diferentemente de outros criptoativos (em particular os *tokens* não nativos que são emitidos em *blockchains* já existentes), o Bitcoin opera na sua própria *blockchain*, a qual serve como um livro-razão / livro de atas público para todas as transações nesse ativo.

O Bitcoin foi a primeira criptomoeda a ser criada. Este criptoativo foi originalmente proposto num artigo publicado na lista de discussão "*The Cryptography Mailing*" em 31 de outubro de 2008, da autoria de uma pessoa ou grupo de pessoas sob o pseudônimo de *Satoshi Nakamoto.*

A gênese do Bitcoin está ancorada na crise financeira de 2008, que evidenciou as falhas dos sistemas financeiros centralizados e a necessidade de uma alternativa que não dependesse de intermediários financeiros. O Bitcoin foi projetado para ser uma moeda digital descentralizada, permitindo transações *peer-to-peer* (P2P) sem a necessidade de uma autoridade central, como um banco ou governo.

Esta criptomoeda apresenta duas funções essenciais:

(i) Servir como meio de troca ou pagamento: o Bitcoin foi criado como um sistema de pagamento eletrónico, baseado em princípios criptográficos, permitindo a realização direta de transações entre partes (*peer-to-peer*), sem a necessidade da intervenção de intermediários. O racional subjacente foi a criação de um meio de troca digital que pudesse funcionar de forma semelhante à moeda fiduciária, mas com a capacidade de utilização mundial. Através desta rede os utilizadores podem trocar Bitcoin entre si;

(ii) Servir como reserva de valor: o Bitcoin tem uma oferta limitada, uma vez que a quantidade máxima de unidades de Bitcoin que podem ser produzidas é de 21 M. À data da redação desta obra, encontram-se em circulação 19.63 M de Bitcoin. A natureza deflacionária do Bitcoin, resultante do seu protocolo de emissão, que reduz pela metade a recompensa por bloco minerado, acentua a escassez deste ativo. Por outro lado, a aceitação do Bitcoin tem vindo a ser crescente, sendo igualmente reconhecido como um *hedge* contra a inflação.

Quanto à primeira função, o Tribunal de Justiça da União Europeia (TJUE) decidiu, no processo C-264/14, de 22 de outubro de 2015 (Skatteverket contra David Hedqvist), que o Bitcoin é um "meio de pagamento alternativo aos meios com valor liberatório" e que [à data] não "tinha outra finalidade senão servir de meio de pagamento". Neste processo estava em causa o "câmbio de divisas tradicionais por unidades da divisa virtual «bitcoin», e vice-versa", no contexto da aplicação das disposições da Diretiva 2006/112/CE do Conselho, de 28 de novembro de 2006, relativa ao sistema comum do Imposto sobre o Valor Acrescentado (IVA).

Pode ainda identificar-se uma terceira função: servir como unidade de conta, contudo, devido à sua volatilidade, o Bitcoin dificilmente estabelecerá um padrão para medir e comparar o valor de produtos e serviços dentro da economia. Assim, esta terceira função é apenas teórica.

As principais caraterísticas do Bitcoin são as seguintes:

(i) Descentralização: o Bitcoin é gerido numa rede descentralizada constituída nós (*nodes*), sem um controlo ou gestão central;

(ii) Segurança: o Bitcoin utiliza criptografia avançada para assegurar a integridade e a segurança tanto da emissão de novas unidades, como das transações entre os utilizadores;

(iii) Transparência: a tecnologia *blockchain* assegura a visibilidade e rastreabilidade das transações;

(iv) Anonimato: embora as transações sejam públicas, a identidade dos utilizadores é mantida anónima, sendo os mesmos representados por endereços públicos;

(v) Oferta limitada: o Bitcoin tem uma emissão máxima de 21 M de unidades;

(vi) Divisibilidade: cada Bitcoin pode ser dividido até a oitava casa decimal (0.00000001 BTC), permitindo transações de pequeno valor (fenómeno designado "Satoshi");

(vii) Imutabilidade: quando uma transação em Bitcoin é confirmada e adicionada à *blockchain*, a sua alteração é praticamente impossível; e

(viii) Eficiência: as transações transfronteiriças podem ser mais céleres e mais económicas quando comparadas com alguns tipos de transações efetuadas nos sistemas financeiros tradicionais.

O Bitcoin é criado (gerado) pela própria rede, através da mineração, como forma de recompensa pelo trabalho dos mineradores.

Bitcoin refere-se quer à criptomoeda (Bitcoin), quer à tecnologia *blockchain* subjacente. A *blockchain* do Bitcoin é a infraestrutura digital que suporta a rede Bitcoin, permitindo a existência e a transacionalidade da sua criptomoeda nativa (o Bitcoin).

O Bitcoin, enquanto *blockchain*, utiliza um mecanismo de consenso designado prova de trabalho (*proof of work* – PoW). Neste sistema, os mineradores competem entre si para resolver problemas matemáticos complexos, o que requer um elevado poder computacional. Este processo não só valida e regista as transações na *blockchain*, como é fundamental para prevenir o problema do duplo gasto, assegurando que cada unidade de Bitcoin só pode ser utilizada uma vez.

|**Referência cruzada:** blockchain, criptoativo, criptografia, criptomoeda, descentralização, mineração, PoW, Satoshi.

15.	BLOCK REWARDS	**RECOMPENSAS DE BLOCO**

Os *Block rewards* são incentivos dados aos participantes da rede que contribuem para a manutenção e segurança da *blockchain* (validação e adição de novos blocos). Estas recompensas consistem em duas componentes principais: uma recompensa fixa, que consiste em novas criptomoedas criadas e distribuídas pela rede como parte do mecanismo de consenso, e as taxas de transação associadas às transações incluídas no bloco.

Em sistemas *proof of work* – PoW, os *block rewards* constituem a recompensa atribuída ao primeiro minerador que resolve com sucesso um problema matemático complexo e adiciona um novo bloco à *blockchain*. Esta recompensa corresponde a um número fixo de criptomoedas e às taxas de transação pagas pelos utilizadores da rede.

Em sistemas *proof of stake* – PoS, os validadores são selecionados para criar um bloco, geralmente com base na quantidade de criptomoedas que possuem e estão dispostos a imobilizar (*stake*).

Os *block rewards* podem diminuir ao longo do tempo (*halving*), mediante as regras do protocolo da respetiva *blockchain*.

| **Referência cruzada:** blockchain, halving, mineração, minerador, PoS, PoW.

16.	BLOCKCHAIN	**CADEIA DE BLOCOS**

Tipo de tecnologia de registo distribuído (DLT) que regista dados em blocos criptograficamente seguros e interligados, formando numa cadeia temporal contínua (sequência cronológica) de registos transparentes e imutáveis.

A *blockchain* é mantida por uma rede distribuída de participantes (nós ou *nodes*), responsáveis pela validação das transações e dos blocos, através do consenso e da confiança entre partes (*peer-to-peer*). Foram desenvolvidos dois principais mecanismos de consenso: a prova de trabalho (*proof of work* – PoW) e a prova de participação (*proof of stake* – PoS). Estes algoritmos permitem que os registos sejam criados e verificados colaborativamente por todos os participantes da rede, sem a necessidade de uma autoridade central, garantindo a integridade, a segurança e a descentralização do sistema.

Cada bloco na cadeia contém um conjunto de dados que incorporam o respetivo cabeçalho e corpo.

O cabeçalho do bloco é composto pelos seguintes elementos:

(i) *Hash* do bloco anterior: que corresponde a um identificador único do bloco anterior na cadeia, criando uma cadeia cronológica (com exceção do primeiro bloco – o bloco de génese);

(ii) *Hash do merkle root*: que consiste numa síntese criptográfica de todas as transações incluídas no bloco;

(iii) *Timestamp*: que corresponde à marca temporal identificadora da data de criação do bloco;

(iv) *Nonce*: que consiste num valor que é repetidamente ajustado pelos mineradores para que encontrem o *hash* do bloco (em sistemas PoW); e

(v) Dificuldade de mineração: que consiste num parâmetro indicativo do grau de dificuldade de resolução do problema matemático necessário para a mineração do bloco (em sistemas PoW).

(vi) Validador e assinatura: em sistemas PoS, o cabeçalho inclui informação sobre o validador (o endereço ou identificador do validador que criou o bloco), bem como uma assinatura do validador (assinatura digital para provar que o bloco foi criado por um validador legítimo).

Dependendo do desenho específico da *blockchain* e do mecanismo de consenso utilizado, podem haver outros elementos ou campos adicionais.

Já o corpo do bloco integra:

(i) A lista de transações: um registo detalhado de todas as transações validadas e incluídas no bloco; e

(ii) Outras informações de identificação: tais como metadados adicionais relevantes para as transações ou para o funcionamento da rede.

É possível identificar três tipos de estruturas *blockchain*:

(i) As públicas (*public blockchain*): baseadas em *software* de código aberto, o que significa que o seu código-fonte é acessível publicamente (como exemplos, o Bitcoin e o Ethereum), caracterizando-se pela descentralização e pela possibilidade de comportar um vasto número de participantes (com a liberdade de entrar e sair);

(ii) As privadas (*private blockchain*): baseadas em código fechado, controladas por um operador, entidade ou organização; ou também por um grupo de operadores, entidades ou organizações que fornecem o acesso a pessoas autorizadas; e

(iii) As híbridas (*hybrid blockchain*): que integram elementos das *blockchains* públicas e das privadas.

Além do seu uso no ecossistema dos criptoativos, a *blockchain* tem um espectro amplo de aplicações e indústrias, tais como os serviços financeiros, cadeias de fornecimento e logística, registo de propriedade, identidade digital, registo de transações e gestão de dados em múltiplas aplicações.

A tecnologia de registo distribuído e descentralizado que está subjacente à *blockchain* é a base da web3.

|**Referência cruzada:** bloco, descentralização, DLT, hash, ledger, mineração, minerador, PoS, PoW, timestamp, web3.

17.	BLOCKCHAIN BRIDGES	**PONTES BLOCKCHAIN**

Mecanismos que permitem a transferência de ativos e informações de uma *blockchain* para outra, maioritariamente usando um processo de bloqueio e liberação de *tokens*. Estas pontes ligam *blockchains* com regras e protocolos de consenso diferentes, permitindo interoperabilidade entre ecossistemas incompatíveis.

|**Referência cruzada:** blockchain, interoperabilidade, token.

18.	**BLOCO**	BLOCK

No contexto da *blockchain,* "bloco" refere-se a uma unidade de dados que contêm um conjunto transações. Cada bloco é encadeado, sequencial e interligado ao anterior (de que resulta o termo "blockchain"), criando uma sequência cronológica de transações.

Pela adição sequencial de blocos à *blockchain,* cada um referenciando o bloco anterior (com exceção do primeiro bloco, designado "genesis block"), é possível criar uma cadeia de blocos interligados numa sequência cronológica, baseada numa estrutura de dados imutável e resistente a alterações (dado que qualquer alteração de um bloco afetará todos os blocos subsequentes).

Cada bloco contém geralmente as seguintes informações: (i) *hash* do bloco anterior: identificação que assegura a conexão entre os blocos; (ii) *hash* do bloco: uma identificação única gerada a partir da informação do bloco; (iii) *timestamp*: marcação temporal que indica o momento da criação do bloco; (iv) *nonce*: número variável utilizado na mineração para gerar um *hash* válido de acordo com as regras da rede; (v) dados das transações: conjunto de todas as transações do bloco; e (vi) tamanho limite: limitação sobre a quantidade de dados que o bloco pode incluir.

O processo de adicionar um novo bloco à *blockchain* é designado mineração (no contexto do mecanismo *proof of work* - PoW) ou de validação (no contexto do processo *proof of stake* - PoS).

|**Referência cruzada:** bloco, blockchain, genesis block, hash, mineração, PoS, PoW, timestamp.

19.	BOUNTY	**RECOMPENSA**

Incentivo que é dado aos participantes da rede por desempenharem determinadas ações essenciais para a manutenção e segurança da mesma. Os incentivos mais comuns são os seguintes: (i) recompensas de bloco (*block rewards*) e que são dados aos mineradores (em sistemas de *proof of work* - PoW) ou aos validadores (em sistemas de *proof of stake* - PoS); e (ii) recompensas de transação, que correspondem às taxas de transação pagas pelos utilizadores para realizar as transações incluídas no bloco.

No contexto de uma oferta inicial de moedas (*initial coin offering* - ICO), o termo "recompensa" tem um significado diferente, podendo referir-se a: (i) criptoativos representativos de uma participação no projeto ou direitos de uso dentro do ecossistema do projeto; ou (ii) programas de recompensa, geralmente sobre a forma de *tokens*, que visam incentivar atividades como promoção do projeto, reportar erros e *bugs*, ou contribuir de outras formas para o desenvolvimento do projeto.

|**Referência cruzada:** block rewards, bloco, ICO, PoS, PoW.

C

20.	**CÂMBIO**	EXCHANGE

No contexto dos criptoativos, consiste no processo de troca de moeda fiduciária por criptoativos e vice-versa, assim como de troca de criptoativos diferentes entre si.

O processo de câmbio pode ser efetuado de diferentes formas, nomeadamente através de: (i) VASP / CASP (que prestem serviços de troca) ou outras *exchanges* centralizadas (CEX) que funcionam através de plataformas online; (ii) plataformas *peer-to-peer* (P2P); (iii) ATM de criptoativos e (iv) *exchanges* descentralizadas (DEX).

No caso dos VASP / CAPS (que prestem serviços de troca) e outras CEX, o câmbio (ou troca) baseia-se em valores definidos pelo mercado (oferta e procura ou *order book*). Neste modelo, as ordens de compra e venda dos utilizadores são colocadas num livro de ofertas, e o preço é determinado pela correspondência dessas ordens. Depois de os utilizadores especificarem o preço pelo qual estão dispostos a comprar ou vender, o sistema da *exchange* faz o *match* dessas ordens.

Num modelo semelhante, nas plataformas P2P, o câmbio (ou troca) é efetuado com base na negociaçção direta entre os compradores e os vendedores. Os preços podem ser influenciados pelos valores de mercado, mas o preço final é acordado entre as partes envolvidas na negociação. Nos ATM de criptoativos, o câmbio (ou troca) é geralmente baseado em valores definidos pelos operadores dos ATM, os quais, contudo, seguem geralmente os valores de mercado.

No caso das DEX, o câmbio (ou troca) é efetuado através da utilização do modelo *Automated Market Maker* (AMM) que opera com base em *liquidity pools*. Neste modelo, não há um livro de ordens de mercado, sendo os preços determinados através de uma fórmula matemática que atende à quantidade de cada criptoativo no *liquidity pool*. Os utilizadores interagem diretamente com esses *pools*, fornecendo ou retirando liquidez e realizando trocas com base nos preços calculados pelo AMM.

Em todos os casos, diferentemente do que acontece com as moedas fiduciárias, o câmbito (ou troca) não é definido por uma autoridade central (banco central ou governo).

|**Referência cruzada:** ATM de criptoativos, CASP, CEX, DEX, liquidity pools, VASP.

21.	CARF *Crypto Asset Reporting Framework*	**QUADRO DA OCDE PARA A COMUNICAÇÃO DE INFORMAÇÕES SOBRE CRIPTOATIVOS**

Norma internacional comum de comunicação de informações sobre criptoativos aprovada em agosto de 2022 pela OCDE (após incumbência do G20 em abril de 2024). Esta Norma determina a implementação de procedimentos de diligência e de comunicação sobre transações com criptoativos por determinados CASP, assim como a troca automática dessas informações entre autoridades fiscais.

O CARF da OCDE incorpora um conjunto de regras e comentários, assim como um modelo de acordo multilateral entre autoridade competentes (*Multilateral Competent Authority Agreement* – MCAA) e comentários ao modelo de acordo.

A Norma comum de comunicação sobre criptoativos é obrigatória para todas as jurisdições signatárias do MCAA do CARF.

A Diretiva (UE) 2023/2226 do Conselho (DAC8) incorpora o CARF no direito da União Europeia, estabelecendo a troca automática e obrigatória de informações sobre criptoativos entre Estados-Membros de acordo com as mesmas regras e condições que as estabelecidas no CARF.

|**Referência cruzada:** DAC8, regulação.

22.	CASP *Crypto Assets Service Provider*	**PRESTADOR DE SERVIÇOS DE CRIPTOATIVOS**

Pessoa coletiva cuja ocupação ou atividade económica consiste na prestação, a título profissional, de um ou mais serviços referentes a criptoativos.

O tipo de serviços abrangidos pelo termo pode variar em função das áreas ou ramos do direito que o utilizam, assim como em função do tipo de instrumento internacional, europeu ou nacional que o regula (por exemplo o CARF e a DAC8 ou o Regulamento MiCA).

Nos termos do Regulamento MiCA, os serviços de criptoativos abrangem: (i) custódia e administração de criptoativos em nome de clientes; (ii) operação de uma plataforma de negociação de criptoativos; (iii) troca de criptoativos por fundos; (iv) troca de criptoativos por outros criptoativos; (v) execução de ordens relativas a criptoativos em nome de clientes; (vi) colocação de criptoativos; (vii) receção e transmissão de ordens relativas a criptoativos em nome de clientes; (viii) consultoria sobre criptoativos; (ix) gestão de carteiras de criptoativos; e (x) serviços de transferência de criptoativos em nome de clientes. Os CASP que operem na União Europeia estão sujeitos a um processo de autorização (licenciamento) nos termos daquele Regulamento.

A DAC8 e do CARF definem CASP reportante através de remissão para o conceito definido no Regulamento MiCA.

|**Referência cruzada:** CARF, DAC8, MiCAR, .
|**Definição legal / regulamentar:** anexo VI, secção IV, ponto B.1, da Diretiva 2011/16/ EU (DAC8, na redação atualizada) e artigo 3.º, n.º 1, ponto 15, do Regulamento (UE) 2023/1114 (MiCAR).

23.	CBDC *Central Bank Digital Currencies*	**MBDC** *Moeda Digital de Banco Central*

Não é o mesmo que criptomoeda. Uma CBDC corresponde à versão digital de uma moeda fiduciária emitida e regulamentada por um banco central ou autoridade monetária, que corresponde a uma representação digital de um passivo do banco central, complementar às duas outras formas de moeda de banco central existentes: numerário e depósitos.

Constituem exemplos, nomeadamente, o *e-Yuan* na China, *Sand Dollar* nas Bahamas, e-Krona na Suécia e ainda o Euro Digital (estes dois últimos em fase de implementação).

É a terceira forma de moeda de banco central.

|**Referência cruzada:** euro digital, moeda digital, moeda fiduciária.
|**Definição legal / regulamentar:** anexo VI, secção IV, ponto A.2, da Diretiva 2011/16/ EU (DAC8).

24.	CEX *Centralized Exchange*	**CORRETORA CENTRALIZADA**

Plataforma que facilita a troca (ou câmbio / compra e venda) de criptoativos, incluindo a troca de criptoativos por moedas fiduciárias e vice-versa, e a troca de criptoativos por outros criptoativos).

Geralmente as CEX mantêm os criptoativos em custódia durante o processo de troca, atuando como um intermediário (uma terceira parte "confiável") entre compradores e vendedores nas transações de troca. Diferentemente, nas DEX os utilizadores mantêm o controlo das chaves privadas e respetivos criptoativos.

Os VASP e CASP constituem tipos de CEX quando os serviços que prestam incluem a atividades de troca (câmbio).

|**Referência cruzada:** câmbio, CASP, DEX, exchange, VASP.

25.	CHATBOT	**ROBÔ DE CONVERSAÇÃO**

Um *chatbot* é um *bot* (*software*) que utiliza inteligência artificial para interpretar as questões dos utilizadores e dar-lhes resposta adequada.

Este *software* está vocacionado para a interação com os utilizadores através de linguagem natural, simulando a conversação entre humanos, sendo capaz de manter uma conversa em tempo real, por texto ou por voz, com os utilizadores.

26.	CHATGPT	**PROCESSAMENTO AUTOMATIZADO DE LINGUAGEM NATURAL**

Modelo avançado de linguagem artificial, que utiliza uma tecnologia de *natural language processing* (NLP), ou processamento de linguagem natural, focada na interação entre computadores e linguagem humana.

O ChatGPT é um exemplo de um modelo de linguagem de grande escala (*Large Language Models* – LLM), especificamente um modelo de aprendizagem automática baseado na metodologia transformer (GPT é o acrónimo de *Generative Pre-trained Transformer*), que corresponde a uma inovação recente da aprendizagem automática, particularmente eficaz no processamento de sequências de texto, permitindo ao modelo tecnológico compreenda e responda de maneira contextualmente relevante, além de compreender, analisar e gerar textos autonomamente.

O Chat GPT foi desenvolvido por um laboratório de pesquisa de inteligência artificial (IA) dos Estados Unidos da América, que pertence a uma organização sem fins lucrativos, a OpenAI.

27.	**CHAVE PRIVADA**	*PRIVATE KEY*

Forma de senha criptográfica que corresponde a uma sequência alfanumérica longa e complexa. Esta chave constitui um identificador único do proprietário de uma carteira digital (*wallet*), que deve ser mantido em segurança e sigilosamente, podendo ter associada uma frase de recuperação (*seed phrase*) que permita recuperar o acesso à *wallet* e aos criptoativos nela guardados.

Cada chave privada está associada a uma chave pública correspondente, que pode ser partilhada publicamente (já a chave privada deve ser mantida de forma secreta). A combinação da chave pública e privada é utilizada para assegurar a segurança e privacidade das transações.

A chave privada assegura ao detentor da *wallet* o controlo sobre os criptoativos aí mantidos. Nas carteiras não custodiadas a responsabilidade de manter a chave privada segura e inacessível a terceiros recai inteiramente sobre o utilizador.

|**Referência cruzada:** non-custodial wallet, seed phrase, wallet.

28.	CLOUDMINING	**MINERAÇÃO NA NÚVEM**

Serviço que permite aos utilizadores minerar criptoativos, em especial criptomoedas, sem a necessidade de adquirir *hardware* especializado, nem de configurar *software* ou lidar diretamente com a complexidade técnica associada à mineração. A mineração em nuvem é uma alternativa para os utilizadores que pretendem auferir rendimentos da mineração, sem que tenham de investir em *hardware* próprio.

Através deste serviço, os utilizadores alugam o poder de processamento de *hardware* remoto (nomeadamente rede de computadores especializados), geralmente localizados em *data centres* especializados.

Os utilizadores pagam uma taxa para alugar a capacidade de mineração e, em troca, recebem uma parte das recompensas de mineração, de forma proporcional à quantidade do poder de processamento que alugam.

|**Referência cruzada:** mineração.

29.	**CÓDIGO QR**	QR CODE *Quick Response Code*

O Código QR é um tipo de código que corresponde a uma combinação de barras que pode ser rapidamente lida por um scanner digital. Diferentemente dos códigos de barras tradicionais, que são unidimensionais, os códigos QR são quadrados e organizados em uma matriz bidimensional de pontos pretos e brancos.

Os códigos QR podem armazenar uma grande quantidade de dados, incluindo texto, links para websites, informações de contacto, dados de localização, e outras informações.

30.	COLD WALLET	**CARTEIRA OFF LINE**

As *cold wallets* são carteiras de criptoativos armazenadas *offline*, isto é: sem ligação permanente à internet.

As *cold wallets* armazenam as chaves privadas *offline*, oferecendo maior segurança, no que respeita a roubos informáticos, que as *hot wallets*. Salientam-se dois tipos de *cold wallets*: (i) as *hardware wallets* (ou carteiras de *hardware*), que constituem dispositivos físicos que armazenam as chaves privadas *offline* e (ii) as *paper wallets* (carteiras de *papel*) que consistem em impressões físicas das chaves públicas e privadas.

As *cold wallets* distinguem-se das *hot wallets*, uma vez que estas últimas implicam uma ligação em permanência à internet.

|**Referência cruzada:** custodial wallet, hot wallet, non-custodial wallet, wallet.

31.	COMPLIANCE ON-CHAIN	**CUMPRIMENTO DE OBRIGAÇÕES NA REDE**

Compliance on-chain refere-se à incorporação de requisitos de conformidade regulatória e legal diretamente nos protocolos e contratos inteligentes de uma *blockchain* (como por exemplo em matéria de AML//CFT).

Através *do compliance on-chain* as regras de conformidade legal e regulatória são codificadas na própria rede, por exemplo, num contrato inteligente que, através da sua programação, executa ou bloqueia transações com base em regras específicas.

|**Referência cruzada:** blockchain, AML/CFT.

32.	COMPUTER DATA	**DADOS INFORMÁTICOS**

Computer data refere-se a informações processadas ou armazenadas por um computador, representadas de diversas formas, tais como números, texto, *bits* e *bytes*, imagens, áudio ou outros tipos de informações que podem ser processadas por um computador. De acordo com a Lei n.º 109/2009, de 15 de setembro (Lei do cibercrime), os "dados informáticos" são representação de factos, informações ou conceitos sob uma forma suscetível de processamento num sistema informático, incluindo os programas aptos a fazerem um sistema informático executar uma função.

|**Definição legal / regulamentar:** artigo 2.º, alínea b), da Lei n.º 109/2009, de 15 de setembro (Lei do cibercrime, na redação atualizada).

33.	COMPUTER SERVICE SUPPLIER	**FORNECEDOR DE SERVIÇOS DE COMPUTADOR**

Qualquer pessoa coletiva, pública ou privada, ou pessoa singular que forneça serviços relacionados com computadores e tecnologias de informação (TIC). De acordo com a Lei n.º 109/2009, de 15 de setembro (Lei do cibercrime), um "fornecedor de serviço" é qualquer entidade, pública ou privada, que faculte aos utilizadores dos seus serviços a possibilidade de comunicar por meio de um sistema informático, bem como qualquer outra entidade que trate ou armazene dados informáticos em nome e por conta daquela entidade fornecedora de serviço ou dos respetivos utilizadores.

|**Definição legal / regulamentar:** artigo 2.º, alínea d), da Lei n.º 109/2009, de 15 de setembro (Lei do cibercrime, na redação atualizada).

34.	COMPUTER TRAFFIC	**DADOS DE TRÁFEGO INFORMÁTICO**

Computer traffic refere-se ao fluxo de dados transmitidos entre computadores e outros dispositivos numa rede, incluindo o envio e receção de informações através da internet ou de redes locais.

De acordo com a Lei n.º 109/2009, de 15 de setembro (Lei do cibercrime), os "dados de tráfego" são definidos como dados informáticos relacionados com uma comunicação efetuada por meio de um sistema informático, gerados por este sistema como elemento de uma cadeia de comunicação, indicando a origem da comunicação, o destino, o trajeto, a hora, a data, o tamanho, a duração ou o tipo do serviço subjacente. Um exemplo é o endereço IP, que constitui um dado de tráfego em redes de computadores.

|**Definição legal / regulamentar** artigo 2.º, alínea c), do da Lei n.º 109/2009, de 15 de setembro (Lei do cibercrime, na redação atualizada).

35.	**CRIPTOATIVO**	CRIPTOASSET

Criptoativo é um termo amplo que engloba qualquer tipo de ativo digital sem forma física, representativo de valor ou direitos, baseado em criptografia e que utiliza tecnologia *blockchain* ou outra DLT.

Partindo desta definição, distinguem-se as seguintes cinco características-chave:

(i) Natureza digital: os criptoativos são exclusivamente digitais, não possuem uma forma física, e operam em plataformas e redes de computadores, sendo armazenados digitalmente;

(ii) Baseados em criptografia: os criptoativos utilizam técnicas matemáticas avançadas para codificar e proteger as informações, garantindo a segurança das transações e dos dados armazenados em *blockchain*. A criptografia garante a autenticidade, a integridade e a confidencialidade das transações, permitindo que apenas as partes autorizadas acedam às informações cifradas;

(iii) Distribuição descentralizada: a maioria dos criptoativos opera em redes descentralizadas, o que significa que, ao contrário das moedas fiduciárias, não são controlados por uma entidade central, como um governo ou banco central;

(iv) Recurso a tecnologia *blockchain* ou outra DLT: os criptoativos utilizam infraestruturas tecnológicas avançadas que possibilitam a sua criação, gestão (*e.g.*, emissão e distribuição) e manutenção (*e.g.*, registos atinentes à detenção e a transações). Estas tecnologias permitem a criação de um registo imutável e transparente de todas as transações de criptoativos; e

(v) Representações de valor ou direitos: os criptoativos podem representar diferentes formas de valor ou direitos (e deveres).

O termo criptoativo está intrinsecamente ligado à ideia de *token*, pelo pode reconduzir a essa figura.

Embora os criptoativos sejam dinâmicos e estejam em constante inovação, podem ser categorizados com base em critérios heterogéneos, como a fungibilidade, a tecnologia sobre a qual são emitidos, e as funções que assumem.

(i) Fungibilidade (que caracteriza a distinção entre criptoativos / / *tokens* fungíveis e não fungíveis): a fungibilidade consiste na possibilidade de trocar determinado criptoativo por outro da mesma espécie, qualidade ou quantidade. A título de exemplo, o Euro (EUR, moeda fiduciária) é fungível. Constituem criptoativos não fungíveis aqueles que são únicos e que possuem características criptográficas específicas e distintas, não podendo ser substituídos por outros de igual valor. Um exemplo de criptoativo não fungível é um NFT representativo de uma obra digital (que será única e autenticada através da *blockchain*). Diferentemente, os criptoativos fungíveis são aqueles que podem ser trocados por outros da mesma espécie, qualidade e quantidade, sem distinção entre as respetivas unidades. Estes criptoativos possuem um valor intrínseco. Um exemplo de criptoativo fungível é o Bitcoin. Os criptoativos / *tokens* fungíveis incluem uma grande variedade de realidades, tais como como os *utility tokens, security tokens, currency / payment tokens.*

(ii) Base tecnológica / origem da emissão (que caracteriza a distinção entre criptoativos / *tokens* nativos e não nativos): os criptoativos integram-se e operam de formas distintas numa *blockchain*, podendo ser criados quer como uma parte da própria conceção da rede, quer acessoriamente, através de contratos inteligentes. Os criptoativos / *tokens* nativos são aqueles que são criados como parte integrante e fundamental de uma *blockchain*, atuando como espinha dorsal do funcionamento e segurança da mesma. Estes criptoativos são a "moeda" da *blockchain*, e, por isso, comummente designados como "criptomoedas". Os criptoativos / *tokens* não nativos são desenvolvidos utilizando a infraestrutura de uma *blockchain* já existente, ou seja, são criados em cima de *blockchains* existentes, utilizando contratos inteligentes. Esta categoria de criptoativos é aquela a que comummente se atribui a designação "*token*" (embora, como referido, as criptomoedas sejam também tecnicamente um "*token*"). Os criptoativos / *tokens* não nativos incluem uma grande variedade de realidades, tais como como os *utility tokens, security tokens, currency / payment tokens* e NFTs.

(iii) Função (que caracteriza a categorização entre *currency / payment; utility; security; stablecoin;* e *hybrid*): os criptoativos / *tokens* de moeda ou pagamento (*currency / payment tokens*) são usados principalmente como meio de troca ou para transações. Incluem tanto as criptomoedas (*tokens* nativos), como outros *tokens* com essa mesma função de pagamento, e também algumas *stablecoins*. As *stablecoin* visam manter um valor estável por referência a moedas fiduciárias, bens ou outros criptoativos. Os criptoativos / *tokens* de utilização (*utility tokens*) permitem o acesso a um produto ou serviço dentro de um ecossistema específico. Os criptoativos / / *tokens* de valores mobiliários (*security tokens*) representam ativos financeiros. Os criptoativos híbridos (*hybrid tokens*) combinam diferentes funções.

Por exemplo, o Bitcoin é um criptoativo nativo, fungível, com função primária de pagamento. O Ethereum (ETH) é similarmente nativo e fungível, mas serve tanto funções de pagamento como de utilidade.

Noutro exemplo, Chainlink (LINK) é um criptoativo não nativo, fungível, com função de utilidade. Já a Solana (SOL) tem a mesma função (utilidade), mas é um criptoativo nativo e fungível.

Ou ainda, por exemplo, o USDT (Tether) é um criptoativo não nativo, fungível, com função de pagamento e que é uma *stablecoin*. Já a Uniswap (UNI) também é um criptoativo não nativo e fungível, mas não é uma *stablecoin*.

A classificação e o reconhecimento jurídico dos criptoativos variam significativamente entre diferentes jurisdições, podendo, mediante as respetivas características e funções específicas, ser reconduzidos a uma forma de propriedade, uma *commodity* ou até mesmo a uma forma de moeda.

Atualmente número total de criptoativos ultrapassa os 20.200.

|**Referência cruzada:** ativo digital, blockchain, criptografia, criptomoeda, currency token, descentralização, hybrid token, NFT, security token, stablecoin, token, utility token.

|**Definição legal / regulamentar:** anexo VI, secção IV, ponto A.1, da Diretiva 2011/16/EU (DAC8, na redação atualizada), artigo 3.º, n.º 1, ponto 5, do Regulamento (UE) 2023/1114 (MiCAR) e artigo 10.º, n.º 17, do Decreto-Lei 442-A/88, de 30 de novembro (Código do IRS, na versão atualizada).

36.	CRIPTOGRAFIA	CRYPTOGRAPHY

Técnica de segurança que utiliza algoritmos matemáticos para cifrar dados, tornando-os inacessíveis e ininteligíveis a utilizadores não autorizados (*i.e.*, a quem não tenha acesso às convenções combinadas).

Em *blockchains* ou outras DLT, a criptografia garante a segurança das transações, a autenticidade das informações e a integridade dos registos, protegendo-os contra alterações e acessos indevidos.

Os *hashes* e as assinaturas digitais constituem exemplos de cifragem utilizados em *blockchain*.

|**Referência cruzada:** blockchain, hash.

37.	CRIPTOMOEDA	CRYPTOCURRENCY

Tipo de criptoativo que é criado e opera numa *blockchain* ou outra DLT própria (ou nativa), por exemplo, o Bitcoin na *blockchain* Bitcoin e o Ether na *blockchain* Ethereum.

Tecnicamente, as criptomoedas são consideradas uma forma de *token*, mas que é nativo ou primário de uma *blockchain*. Esta tipologia de criptoativo é criado como parte integrante e fundamental de uma *blockchain*, atuando como espinha dorsal do funcionamento e segurança da mesma. Estes criptoativos são mais comummente designados "criptomoedas", ao invés de *tokens*, uma vez que funcionam como "moeda" da *blockchain* que lhes é nativa.

As criptomoedas têm como principais finalidades servir como meio de troca e atuar como substituto ou alternativa à moeda fiduciária (funções de pagamento ou monetárias), possuindo um valor intrínseco dentro e fora de seus ecossistemas. Contudo, tais finalidades não são exclusivas, servindo também uma mais vasta variedade de aplicações, tais como a automatização de contratos inteligentes, a promoção da segurança e interoperabilidade entre redes *blockchain* e a inovação. Deste modo, ainda que as criptomoedas se assumam como uma representação de valor (valor monetário, medido através do poder de compra), podem também ser representativas de direitos e apresentar finalidades mais abrangentes.

A distinção entre criptomoedas (ou *tokens* nativos) e os outros tipos de *tokens* (não nativos, como *utility*, *security*, ou *currency / payment* tokens) reside não apenas na sua função ou uso, mas principalmente na sua relação com a *blockchain* em que operam: (i) criptomoedas: incentivam a participação na rede (através de mineração ou *staking*) e são utilizadas para pagar taxas de transação na rede; (ii) os *tokens* (não nativos) são criados por projetos, organizações ou entidades que utilizam a infraestrutura de uma *blockchain* existente para emitir *tokens* com propósitos específicos.

Pese embora as criptomoedas e os *currency / payment tokens* (*tokens* de moeda / pagamento) possam servir finalidades comuns (monetárias e de pagamento), na sua relação com a *blockchain* os *currency / payment tokens* têm a função de facilitar as transações dentro de um ecossistema específico na *blockchain* (plataforma ou projeto) e são emitidos numa *blockchain* que não lhes é nativa. Além disso, os *currency tokens* têm geralmente um uso limitado fora do ecossistema ou projeto para o qual foram criados, o que não se verifica com as criptomoedas. Assim, esta distinção assenta não necessariamente nas finalidades assumidas pelas criptomoedas e pelos *currency tokens* (que podem sobrepor-se quanto às finalidades monetárias ou de pagamento), mas sim na respetiva base tecnológica: as criptomoedas são as unidades de valor nativas das suas próprias *blockchains*, enquanto os *currency / payment tokens* são emitidos em *blockchains* existentes (não são *tokens* nativos).

|**Referência cruzada:** Bitcoin, criptoativo, currency token, moeda fiduciária, token.

38.	CROWDLENDING	**FINANCIAMENTO COLABORATIVO**

Crowdlending é uma forma de financiamento colaborativo e um subtipo de *crowdfunding* na modalidade de empréstimo P2P, através do qual pessoas ou entidades emprestam dinheiro diretamente a outras através de uma plataforma online, recebendo em troca juros pelo capital emprestado.

Mais amplamente, *crowdfunding* é um tipo de financiamento de entidades (incluindo atividades e projetos) através do qual, qualquer pessoa singular ou coletiva procede à angariação de parcelas de investimento por parte de um ou vários investidores individuais, utilizando para esse efeito uma plataforma de financiamento colaborativo.

O *crowdlending*, enquanto forma de *crowdfunding*, está sujeito ao regime jurídico do financiamento colaborativo, aprovado pela Lei n.º 102/2015, de 24 de agosto.

39.	CRS *Common Reporting Standard*	**NORMA COMUM DE COMUNICAÇÃO DE INFORMAÇÃO**

Norma internacional comum de comunicação de informações sobre contas financeiras aprovada em julho de 2014 pela OCDE. Esta Norma determina a implementação de procedimentos de diligência e de comunicação sobre contas financeiras, assim como a troca automática dessas informações entre autoridades fiscais. O CRS da OCDE incorpora um conjunto de regras e comentários, assim como um modelo de acordo multilateral entre autoridades competentes (*Multilateral Competent Authority Agreement* – MCAA) e comentários ao modelo de acordo.

A Norma comum abrange informações sobre saldos e rendimentos pagos ou creditados em contas financeiras (tais como contas de depósito, de custódia, contas mantidas por entidades de investimento, contratos de seguro monetizável e contratos de renda). O CRS é obrigatório para todas as jurisdições signatárias do MCAA do CRS. A Diretiva n.º 2014/107/UE, do Conselho (DAC2) incorpora o CRS no direito da União Europeia, estabelecendo a troca automática e obrigatória de informações sobre contas financeiras entre Estados-Membros de acordo com as mesmas regras e condições que as estabelecidas no CRS.

|**Referência cruzada:** DAC, regulação.

40.	CURRENCY TOKEN	**TOKEN DE MOEDA**

Os *currency tokens* ou *payment tokens*, também designados "criptofichas de moeda", são um tipo de criptoativo que é criado e opera numa *blockchain* ou DLT e que é utilizado principalmente como meio pagamento e de troca.

Pese embora as criptomoedas e os *currency / payment tokens* (*tokens* de moeda / pagamento) possam servir finalidades comuns (monetárias e de pagamento), na sua relação com a *blockchain* os *currency / payment tokens* têm a função de facilitar as transações dentro de um ecossistema específico na *blockchain* (plataforma ou projeto) e são emitidos numa *blockchain* que não lhes é nativa. Além disso, os *currency tokens* têm geralmente um uso limitado fora do ecossistema ou projeto para o qual foram criados, o que não se verifica com as criptomoedas. Assim, esta distinção assenta não necessariamente nas finalidades assumidas pelas criptomoedas e pelos *currency tokens* (que podem sobrepor-se quanto às finalidades monetárias ou de pagamento), mas sim na respetiva base tecnológica: as criptomoedas são as unidades de valor nativas das suas próprias *blockchains*, enquanto os *currency / payment tokens* são emitidos em *blockchains* existentes (não são *tokens* nativos).

|**Referência cruzada:** criptoativo, criptomoeda, token.

41.	CUSTODIAL WALLET	CARTEIRA COM CUSTÓDIA

As *custodial wallets,* também designadas *hosted wallets* (ou carteiras com custódia / custodiadas ou com guarda) são carteiras digitais cujos criptoativos são armazenados por uma terceira parte.

As *custodial wallets* são custodiadas (alojadas) por CEX, VASP / CASP, os quais têm o controlo das respetivas chaves privadas. Os clientes das CEX, VASP / CASP confiam nas entidades ou plataformas para gerir a segurança e a custódia dos seus criptoativos.

Por oposição, nas *non-custodial wallets,* também designadas *unhosted wallets* (ou carteiras sem custódia / não custodiadas ou endereços auto-alojados), os utilizadores têm o controlo integral sobre as chaves das suas carteiras (incluindo as privadas) e sobre os criptoativos aí mantidos.

|**Referência cruzada:** chave privada, non-custodial wallet, wallet.
|**Definição legal / regulamentar:** artigo 2.º, n.º 1, alínea c), do Aviso do Banco de Portugal n.º 1/2023, de 24 de agosto.

D

42.	DAC *Directive on Administrative Cooperation*	**DIRETIVA RELATIVA À COOPERAÇÃO ADMINISTRATIVA**

A *Directive on Administrative Cooperation*, conhecida pelo acrónimo DAC, corresponde à Diretiva 2011/16/UE do Conselho. Esta Diretiva constitui um dos mais relevantes instrumentos de cooperação administrativa existentes ao nível da União Europeia e estabelece as regras e os procedimentos para a troca de informações para efeitos fiscais. A Diretiva 2011/16/UE revogou e substituiu a Diretiva 77/799/CEE, que criou pela primeira vez a base jurídica para a cooperação administrativa no domínio da fiscalidade direta na União Europeia.

A DAC, na sua redação inicial, foi transposta para a ordem jurídica portuguesa pelo Decreto-Lei n.º 61/2013, de 10 de maio. No âmbito da troca de informações, a DAC prevê três modalidades: a pedido, espontânea e automática, neste último caso abrangendo rendimentos de trabalho, pensões e outros tipos de rendimentos. Esta diretiva tem vindo a ser alterada o propósito de alargar o âmbito da troca de informação a novas categorias de rendimentos e outras informações com relevância fiscal, sendo as alterações a esta diretiva referidas pelo acrónimo DAC seguido de um número. Sintetizam-se as alterações subsequentes à DAC e respetivos diplomas de transposição no ordenamento jurídico português:

— Diretiva 2014/107/UE do Conselho, de 9 de dezembro de 2014, designada DAC2 (transposta para a ordem jurídica portuguesa pelo Decreto-Lei n.º 64/2016, de 11 de outubro), sobre a troca automática e obrigatória no domínio da fiscalidade de informações sobre contas financeiras (em conformidade com o CRS);

— Diretiva (UE) 2015/2376 do conselho, de 8 de dezembro, designada DAC3 (transposta para a ordem jurídica portuguesa pela Lei n.º 98/2017, de 24 de agosto), sobre a troca automática e obrigatória no domínio da fiscalidade de decisões fiscais prévias transfronteiriças e os acordos prévios sobre preços de transferência;

— Diretiva (UE) 2016/881 do Conselho, de 25 de maio, designada DAC4 (transposta para a ordem jurídica portuguesa pela Lei n.º 98/2017, de 24 de agosto), sobre a troca automática de informações obrigatória no domínio da fiscalidade de declarações por país (*Country-by-country report*);

— Diretiva (UE) 2016/2258 do Conselho, de 6 de dezembro, designada DAC5 (transposta para a ordem jurídica portuguesa pela Lei n.º 83/2017, de 18 de agosto), sobre o acesso a informação de beneficiários efetivos no âmbito da prevenção do BC/FT;

— Diretiva (UE) 2018/822 do Conselho, de 25 de maio de 2018, designada DAC6 (transposta para a ordem jurídica portuguesa pela Lei n.º 26/2020, de 21 de julho), sobre a troca automática de informações obrigatória no domínio da fiscalidade em relação aos mecanismos transfronteiriços a comunicar (*mandatory disclousure rules*);

— Diretiva (UE) 2021/514 do Conselho de 22 de março, designada DAC7 (transposta para a ordem jurídica portuguesa pela Lei n.º 36/2023, de 26 de julho), sobre a troca automática de informações obrigatória no domínio da fiscalidade comunicadas por operadores de plataformas digitais. Esta diretiva altera também as regras estruturais da DAC, introduzindo ainda a troca automática e obrigatória de informações sobre *royalties*.

— Diretiva (UE) 2023/2226 do Conselho, de 17 de outubro de 2023, DAC8 (que ainda não foi transposta para a ordem jurídica portuguesa), sobre a troca automática obrigatória de informações comunicadas pelos CASP. Esta diretiva altera também as regras estruturais da DAC3, introduzindo um alargamento do âmbito da troca automática de informações às decisões fiscais prévias transfronteiriças relativas a determinadas pessoas singulares e ainda aos rendimentos de dividendos sem custódia.

|**Referência cruzada:** CARF, DAC8, regulação.

43.	DAC8 *8th amendment to the Directive on Administrative Cooperation*	**OITAVA ALTERAÇÃO À DIRETIVA RELATIVA À COOPERAÇÃO ADMINISTRATIVA**

Diretiva (UE) 2023/2226 do Conselho, de 17 de outubro de 2023, que altera a Diretiva 2011/16/UE relativa à cooperação administrativa no domínio da fiscalidade, publicada no Jornal Oficial da União Europeia no dia 2 de outubro de 2023, que entrou em vigor em 13 de novembro de 2023. A data de transposição é 31 de dezembro de 2025 (com algumas exceções), iniciando-se a respetiva aplicação em 1 de janeiro de 2026 (com algumas exceções).

A DAC8 vem estabelecer a troca automática e obrigatória de determinadas informações sobre criptoativos entre Estados-Membros, incorporando no direito da União Europeia o *standard* da OCDE nesta matéria (CARF).

Em termos de incidência subjetiva, a DAC8 aplica-se aos CASP (prestadores de serviços de criptoativos regulamentados e autorizados ao abrigo do Regulamento (UE) 2023/1114 – MiCAR e aos operadores de criptoativos). Os CASP abrangidos pelo MiCAR estão autorizados a exercer atividades na União Europeia através do regime de passaporte, assim que tenham recebido a sua autorização num Estado-Membro. Já os operadores de criptoativos que não são abrangidos pelo âmbito de aplicação do MiCAR, mas que são obrigados a comunicar informações sobre os utilizadores de criptoativos residentes na União Europeia, passam a estar obrigados a registar-se num único Estado-Membro para efeitos de cumprimento das suas obrigações de comunicação de informações.

Quanto à incidência objetiva, a DAC8 abrange as seguintes transações com criptoativos:

(i) Transações de troca (ou câmbio) de criptoativos: que incluiem quer a troca de moeda fiduciária por criptoativos e vice-versa, quer a troca de criptoativos diferentes entre si; e

(ii) Transferências de criptoativos: transações através das quais um criptoativo é transferido de ou para um endereço ou para a conta de um utilizador (cliente) de criptoativos que não seja a mantida pelo CASP em nome do mesmo utilizador (cliente).

Para cada transação, e por cada tipo de criptoativo, a obrigação de comunicação inclui, além das informações sobre o utilizador (cliente), as seguintes informações:

(i) A designação completa do tipo de criptoativo sujeito a comunicação;

(ii) O montante bruto agregado pago, o número agregado de unidades e o número de transações sujeitas a comunicação no que respeita a aquisições contra moeda fiduciária;

(iii) O montante bruto agregado recebido, o número agregado de unidades e o número de transações sujeitas a comunicação no que respeita a cessões contra moeda fiduciária;
(iv) O justo valor de mercado agregado, o número agregado de unidades e o número de transações sujeitas a comunicação relativamente a aquisições contra outros criptoativos sujeitos a comunicação;
(v) O justo valor de mercado agregado, o número agregado de unidades e o número de transações sujeitas a comunicação relativamente a cessões contra outros criptoativos sujeitos a comunicação;
(vi) O justo valor de mercado agregado, o número agregado de unidades e o número de transações de pagamento de retalho sujeitas a comunicação;
(vii) O justo valor de mercado agregado, o número agregado de unidades e o número de transações sujeitas a comunicação, subdividido por tipo de transferência, quando conhecido pelo CASP, no que respeita às transferências para o utilizador sujeito a comunicação (cliente) não abrangidas pelas subalíneas ii) e iv);
(viii) O justo valor de mercado agregado, o número agregado de unidades e o número de transações sujeitas a comunicação, subdividido por tipo de transferência, quando conhecido pelo CASP, no que respeita às transferências efetuadas pelo utilizador sujeito a comunicação (cliente) não abrangidas pelas subalíneas iii), v) e vi); e
(ix) O justo valor agregado de mercado, bem como o número agregado de unidades das transferências efetuadas pelo CASP para endereços de registo distribuído a que se refere o MiCAR que não estejam conhecidamente associados a um CASP ou a uma instituição financeira.

A DAC8 remete a definição de "criptoativo" para o MiCAR. Contudo, sem prejuízo dessa remissão ampla, apenas constituem "criptoativos sujeitos a comunicação" aqueles que sejam utilizados para fins de pagamento ou investimento e que não sejam uma moeda digital de Banco

Central (CBDC), nem uma moeda eletrónica (conceito de "criptoativo" similar a "ativo virtual").

|**Referência cruzada:** CARF, CBDC, criptoativo, DAC, MiCAR, moeda eletrónica, regulação.
|**Definição legal / regulamentar:** artigo 8.º-AD, da Diretiva 2011/16/UE do Conselho, de 15 de fevereiro de 2011 (na redação atualizada) e regras do anexo VI da mesma Diretiva.

44.	DAO *Decentralised Business Arrangements and Organisations*	**ACORDOS E ORGANIZAÇÕES COMERCIAIS DESCENTRALIZADAS**

Sistemas ou estruturas empresariais que operam numa rede descentralizada, baseada na tecnologia *blockchain*. As DAO caracterizam-se pela autonomia, uma vez que as suas operações e decisões são reguladas por contratos inteligentes (*smart contracts*) sem a necessidade de uma autoridade central, e pela descentralização, dado que que as decisões são tomadas coletivamente pelos membros da organização e não por uma entidade ou autoridade central.

|**Referência cruzada:** blockchain, smart contract.

45.	DAPP *Decentralized Application*	**APLICAÇÃO DESCENTRALIZADA**

Aplicação que funciona numa rede *blockchain* e que utiliza contratos inteligentes (*smart contracts*) para automatizar processos e transações.

|**Referência cruzada:** blockchain, smart contract.

46.	DeFi *Decentralized Finance*	**FINANÇAS DESCENTRALIZADAS**

Ecossistema financeiro que opera através da tecnologia *blockchain*, permitindo a criação de produtos e serviços financeiros num ambiente descentralizado, que contrasta com o funcionamento típico das instituições financeiras tradicionais. As transações e acordos associados aos produtos e serviços financeiros são executados automaticamente através de contratos inteligentes (*smart contracts*) mediante condições pré-definidas.

Constituem exemplos de produtos e serviços financeiros DeFi: (i) empréstimos e créditos P2P, que consistem em plataformas que permitem empréstimos entre pares sem intermediários bancários, utilizando contratos inteligentes para acordos e garantias; (ii) *yield farming*, que constituem estratégias de investimento para maximizar os retornos sobre criptoativos; (iii) *staking*, que consiste num processo através do qual os utilizadores bloqueiam os seus criptoativos para receber recompensas, geralmente em mecanismos de consenso de prova de participação (PoS); e (iv) trocas em plataformas descentralizadas (DEX), que correspondem a plataformas para a negociação de criptoativos sem a necessidade de intermediários centralizados.

|**Referência cruzada:** blockchain, smart contract, staking, yield farming.

47.	**DESCENTRALIZAÇÃO**	DESCENTRALIZATION

Descentralização refere-se à distribuição do controlo e da gestão de uma rede ou sistema por múltiplos participantes. Tem como contraponto a centralização, modelo de colocação da confiança em intermediários e outros terceiros que atuam como entidades centrais, geralmente incumbidos de autoridade ou de credibilidade.

Em *blockchain*, a descentralização traduz-se na manutenção conjunta do registo de transações por uma rede distribuída de nós (*nodes*), independentes, que possuem, cada um, uma cópia do livro-razão digital (*ledger*). As transações são validadas através de mecanismos de consenso, como a prova de trabalho (PoW) ou a prova de participação (PoS), garantindo a integridade e segurança da rede, sem a necessidade de intervenção de intermediários ou outras entidades terceiras.

|**Referência cruzada:** blockchain, ledger, node, peer, PoS, PoW.

48.	DEX *Decentralised Exchanges*	**CORRETORA DESCENTRALIZADA**

Plataformas que, com base em *smart contracts,* permitem a negociação de criptoativos de forma descentralizada, sem uma entidade central ou intermediários.

As transações numa DEX são efetuadas diretamente entre os utilizadores (sistema *peer to peer*), pelo que a custódia e o controlo dos criptoativos são dos utilizadores.

|**Referência cruzada:** CEX, exchange.

49.	DLT *Distributed Ledger Technology*	**TECNOLOGIA DE REGISTO DISTRIBUIDO**

A DLT constitui uma tecnologia que permite o funcionamento e a utilização de registos distribuídos. Diferentemente dos sistemas tradicionais centralizados, na DLT os dados são distribuídos entre múltiplos pontos ou participantes da rede, através da implementação de mecanismos de consenso. Esta tecnologia assegura a imutabilidade dos registos, garantindo que, uma vez registadas, as informações não possam ser alteradas, preservando assim a integridade e a confiabilidade dos dados.

A DLT é, então, uma tecnologia de registos distribuídos entre múltiplos dispositivos conectados (computadores que são designados "nós" ou *nodes*), onde são armazenados os registos de eventos (como por exemplo a emissão ou a transação de criptoativos). Estes registos são identificados mediante uma marca temporal e uma assinatura digital, por recurso a técnicas criptográficas e a mecanismos de consenso.

Na DLT, todos os participantes da rede têm uma cópia idêntica do registo distribuído, garantindo a consistência, a transparência e a confiança mútua entre os participantes.

A *blockchain* é uma forma específica de DLT, em que o registo distribuído segue a estrutura de blocos encadeados. Nem todas as DLT são necessariamente uma *blockchain.*

|**Referência cruzada:** blockchain, criptoativo, criptografia, mecanismo de consenso, node, peer.

Definição legal / regulamentar: artigo 3.º, n.º 1, ponto 1), do Regulamento (UE) 2023/1114 (MiCAR) e artigo 2.º, ponto 1) do Regulamento (UE) 2022/858 (DLTR).

50.	DLTR *Distributed Ledger Technology Regulation*	**REGULAMENTO RELATIVO A TECNOLOGIA DE REGISTO DISTRIBUIDO**

Regulamento (UE) 2022/858 do Parlamento Europeu e do Conselho de 30 de maio de 2022 relativo a um regime-piloto para as infraestruturas de mercado baseadas na tecnologia de registo distribuído e que altera os Regulamentos (UE) n.º 600/2014 e (UE) n.º 909/2014 e a Diretiva 2014/65/EU, publicado no Jornal Oficial da União Europeia no dia 2 de junho de 2022, que entrou em vigor em 22 de junho de 2022.

O Regulamento sobre o regime piloto para infraestruturas de mercado baseadas em DLT, conhecido como DLTR (*Distributed Ledger Technology Regulation*), é um ato jurídico da União Europeia que estabelece requisitos relativos às infraestruturas de mercado DLT e aos seus operadores no que diz respeito: (i) aos tipos de instrumentos financeiros passíveis de tokenização; (ii) à concessão, modificação e revogação de autorizações para operar infraestruturas de mercado baseadas na DLT e para as isenções relacionadas com as mesmas; (iii) imposição, alteração e revogação de condições associadas a isenções e de medidas compensatórias e corretivas associadas a isenções especificas; (iv) o funcionamento de infraestrutura de mercado DLT; e (v) a cooperação entre operadores. O DLTR admite três tipologias de instrumentos financeiros: ações cujo emitente tenha uma capitalização bolsista inferior a 500 M Euros, obrigações ou outras formas de dívida titularizada, com um volume de emissão inferior a 1000 M Euros e unidades de participação em organismos de investimento coletivo, cujo valor de mercado dos ativos sob gestão seja inferior a 500 M Euros.

O regime-piloto relativo à DLT visa testar o desenvolvimento da infraestrutura europeia de negociação, compensação e liquidação de instrumentos financeiros baseados na DLT. Os criptoativos são uma das principais aplicações da DLT no setor financeiro.

Este Regulamento faz parte do pacote Finança Digital, apresentado pela Comissão Europeia em 24 de setembro de 2020, o qual pretende desenvolver uma abordagem europeia que promova o desenvolvimento tecnológico e assegure a estabilidade financeira e a proteção dos consumidores. Além do Regulamento DLT, o pacote inclui um Regulamento sobre o Mercado de Criptoativos (MiCAR) e um Regulamento Resiliência Operacional Digital (DORA) – que abrange também os prestadores de serviços de criptoativos.

|**Referência cruzada:** DORA, MiCAR.

51.	DORA *Digital Operational Resilience Act*	**REGULAMENTO DE RESILIÊNCIA OPERACIONAL DIGITAL**

Regulamento (UE) 2022/2554 do Parlamento Europeu e do Conselho, de 14 de dezembro de 2022, publicado no Jornal Oficial da União Europeia no dia 27 de dezembro de 2022, que entrou em vigor em 16 de janeiro de 2023 e será aplicável a partir de 17 de janeiro de 2025.

O Regulamento DORA estabelece requisitos e regras uniformes para a segurança dos sistemas de rede e de informação que apoiam os processos operacionais de empresas que operam transversalmente no setor financeiro (bancos, *fintechs* ou prestadores de serviços tecnológicos), bem como de terceiros que prestam serviços críticos relacionados com matérias de tecnologias da informação e comunicação (TIC). O objetivo é alcançar um elevado nível de segurança e resiliência operacional digital no ciberespaço, em especial no setor financeiro, que possa mitigar o risco de ataques informáticos e violações de dados em empresas que operam no setor financeiro.

Assim, as entidades abrangidas (CASP, VASP e emitentes de *tokens* referenciados a ativos – *stablecoins*, autorizados nos termos do Regulamento MiCA) deverão assegurar o cumprimento das obrigações previstas no DORA relativas à resiliência operacional digital.

Este Regulamento faz parte do pacote Finança Digital, apresentado pela Comissão Europeia em 24 de setembro de 2020, o qual pretende desenvolver uma abordagem europeia que promova o desenvolvimento tecnológico e assegure a estabilidade financeira e a proteção dos consumidores. Além do Regulamento DORA, o pacote inclui um Regulamento sobre o Mercado de Criptoativos (MiCAR) e um Regulamento relativo a um regime-piloto para as infraestruturas de mercado baseadas na tecnologia de registo distribuído (DLTR).

|**Referência cruzada:** CASP, criptoativos, DLTR, MiCAR, VASP.

52.	DOUBLE COUNTING	**DUPLA CONTAGEM**

O efeito da dupla contagem é o de contabilizar (registar) duas vezes o mesmo criptoativo ou uma mesma transação. Este fenómeno pode ocorrer quando entidades ou sistemas separados registam a mesma transação ou ativo de forma independente, sem um mecanismo de sincronização adequado, podendo distorcer o mercado e afetar a confiança quanto à propriedade, valor e quantidade dos ativos.

Os mecanismos de consenso distribuído em *blockchain* visam evitar este fenómeno.

|**Referência cruzada:** blockchain, double spending.

53.	DOUBLE SPENDING	**DUPLO GASTO**

O efeito do duplo gasto é o de gastar um ativo digital mais que uma vez, em mais do que uma transação.

Os mecanismos de consenso distribuído em *blockchain* visam evitar este fenómeno.

|**Referência cruzada:** blockchain, double counting.

E

54.	EMT *E-Money Token*	**TOKEN DE MOEDA ELETRÓNICA**

Subtipo específico de criptoativo, também designado "criptoficha de moeda eletrónica" (terminologia do MiCAR), que procura manter um valor estável por referência ao valor de uma única moeda fiduciária. Os detentores deste *token* podem exercer o direito ao reembolso das suas criptofichas, a qualquer momento e ao valor nominal, na respetiva moeda de referência.

Os EMT estão referenciados a moedas fiduciárias geralmente numa relação 1:1, tendo como objetivo replicar as funções da moeda fiduciária no espaço digital, não conferindo aos detentores direitos sobre ativos específicos, mas sim oferecendo um meio de pagamento digital estável.

Normalmente, um EMT é criado e opera numa *blockchain* ou outra DLT já existente, aproveitando a infraestrutura e a segurança dessa mesma *blockchain* (*token* não nativo). A sua emissão está associada a contratos inteligentes (*smart contracts*) que funcionam de forma autoexecutável numa DLT, sendo frequentemente emitidos em plataformas que permitem a criação de *tokens* personalizados, como Ethereum (como *tokens* ERC-20, por exemplo).

Por regra, um EMT é um *token* fungível, com uma função de pagamento, constituindo um tipo de *stablecoin* (*lato sensu*), na medida em que pretende manter um valor estável.

A principal distinção entre os EMT e outros tipos de criptoativos, como os ART, é que os EMT referenciam o valor de uma única moeda fiduciária (e não uma variedade de valores ou direitos), com a intenção de serem utilizados como um equivalente eletrónico e criptografado da mesma para transações de pagamento.

|**Referência cruzada:** ART, asset token, blockchain, criptoativo, MiCAR, stablecoin, token.
|**Definição legal / regulamentar:** artigo 3.º, n.º 1, ponto 7), do Regulamento (UE) 2023/1114 (MiCAR).

55.	EQUITY INSTRUMENT	**INSTRUMENTO DE CAPITAL PRÓPRIO**

Contrato que evidencia um interesse residual nos ativos de uma entidade após dedução de todos os seus passivos.

56.	ERC *Ethereum Request for Comments*	**SOLICITAÇÃO DE COMENTÁRIOS DO ETHEREUM**

ERC é um padrão técnico utilizado para a criação de contratos inteligentes na *blockchain* Ethereum, que facilita a interoperabilidade entre *tokens*. Estes padrões técnicos definem o conjunto de regras que os contratos inteligentes devem seguir, tais como o modo como os *tokens* são transferidos e como interagem com outros contratos e aplicações dentro do ecossistema Ethereum.

Os padrões ERC mais comuns são os seguintes: (i)ERC-20: padrão para *tokens* fungíveis, utilizado para criar e emitir *tokens*; (ii) ERC-721: padrão para *tokens* não fungíveis (NFTs); e (iii) ERC-1155: padrão que constitui uma combinação de ERC-20 e ERC-721, permitindo a emissão de *tokens* fungíveis e não fungíveis dentro de um único contrato.

|**Referência cruzada:** Ethereum, NFT, token.

57.	ETF *Exchange Trade Fund*	**FUNDOS DE INVESTIMENTO NEGOCIADOS EM BOLSA**

Um ETF é um tipo de fundo de investimento que é cotado e negociado numa Bolsa de valores.

Um ETF é composto por um ou vários ativos financeiros, tais como ações, obrigações, *commodities* (matérias-primas), bens imobiliários; moedas fiduciárias, criptoativos ou outros. Esta diversidade permite aos investidores uma exposição a diferentes mercados e zonas geográficas, simplificando a gestão de um portfólio diversificado com apenas um produto financeiro.

Cada ETF está dividido em unidades de participação (UP), com o seu desempenho frequentemente indexado a um indicador de referência que pode ser um índice de uma Bolsa ou um ativo específico.

|**Referência cruzada:** ETF de Bitcoin.

58.	ETF DE BITCOIN	BITCOIN ETF

Um ETF de Bitcoin (BTC) é um fundo de investimento aberto admitido à negociação numa Bolsa de valores, que visa replicar o desempenho do Bitcoin, permitindo aos investidores comprar unidades de participação do ETF através de bolsas de valores tradicionais, sem a necessidade de adquirir Bitcoin diretamente ou através de CASP / VASP ou outras *exchange*.

Em 10 de janeiro de 2024, a *Securities and Exchange Commission* (SEC) dos EUA aprovou os primeiros fundos de investimento negociados em bolsa: ARK 21Shares Bitcoin ETF (ARKB), Bitwise Bitcoin ETF (BITB), Blackrock's iShares Bitcoin Trust (IBIT), Franklin Bitcoin ETF (EZBC), Fidelity Wise Origin Bitcoin Trust (FBTC), Grayscale Bitcoin Trust (GBTC), Hashdex Bitcoin ETF (DEFI), Invesco Galaxy Bitcoin ETF (BTCO), VanEck Bitcoin Trust (HODL), Valkyrie Bitcoin Fund (BRRR) e WisdomTree Bitcoin Fund (BTCW).

A aprovação deste produto financeiro permite a comercialização do *Bitcoin* no mercado financeiro regulado tradicional.

|**Referência cruzada:** Bitcoin, ETF, SEC.

59.	ETHEREUM	ETHEREUM

Plataforma *blockchain* de código aberto que suporta a criação e programação de contratos inteligentes (*smart contracts*) e a execução autónoma de aplicações descentralizadas (dApps).

A plataforma Ethereum tem sua própria *blockchain*, que regista todas as transações e os estados dos contratos inteligentes.

A criptomoeda nativa (token nativo) da rede Ethereum é o Ether (ETH), que permite a realização de operações na rede.

Destaca-se pelo uso do protocolo ERC-20 para *tokens*, promovendo a compatibilidade e flexibilidade.

|**Referência cruzada:** blockchain, dApps, smart contract, token.

60.	**EURO DIGITAL**	DIGITAL EURO

O termo "euro digital" refere-se ao projeto de moeda digital a emitir pelo Banco Central Europeu (BCE) que representará uma forma digital da moeda oficial da zona do euro.

O euro digital será emitido e controlado centralmente pelo BCE, tornando-se uma forma digital da moeda fiduciária tradicional, mantendo as funções de garantia do equilíbrio financeiro, estabilidade e a confiança associadas a moedas emitidas por governos.

Difere dos criptoativos descentralizados, como o Bitcoin, que operam através de uma rede *peer-to-peer* sem uma autoridade central.

O euro digital constituirá um tipo específico de CBDC (moeda digital de Banco Central), emitido pelo BCE para a zona do euro.

| **Referência cruzada:** Bitcoin, CBDC, criptoativo, descentralização, moeda fiduciária.

61.	EXCHANGE	**CORRETORA**

Plataforma digital que facilita a negociação entre diferentes tipos de ativos, incluindo a troca de criptoativos por moedas fiduciárias e vice-versa ou a troca de criptoativos entre si.

As *exchanges* podem operar através de forma física (pessoas singulares e coletivas) ou de forma digital (plataformas online). Existem principalmente três tipos de *exchanges* de criptoativos: as centralizadas (CEX), as *peer-to-peer* (P2P) e as descentralizadas (DEX), embora também existam corretoras tradicionais que negoceiem criptoativos. As CEX operam de forma similar a intermediários tradicionais, podendo enquadrar-se como VASP / CASP (quando desenvolvam atividades de troca ou câmbio). As P2P facilitam a interação direta entre compradores e vendedores diretamente. Já as DEX operam em redes *blockchain*, sem centralização.

As *exchanges* podem cobrar comissões / taxas pelos serviços prestados. O valor dessas comissões / taxas podem variar dependendo da plataforma, do tipo de transação e do volume negociado. As comissões visam cobrir os custos operacionais, bem como remunerar a prestação dos serviços. No caso das DEX, tais comissões podem também destinar-se a recompensar os fornecedores de liquidez ou ao pagamento de custos transacionais na *blockchain*.

|**Referência cruzada:** CASP, CEX, DEX, P2P, VASP.

F

62.	FATCA *Foreign Account Tax Compliance Act*	**LEI DE CONFORMIDADE FISCAL DE CONTAS ESTRANGEIRAS DOS ESTADOS UNIDOS**

Legislação dos Estados Unidos da América (EUA), aprovada em março de 2010, que tem como objetivo combater a evasão fiscal internacional e assegurar a tributação de pessoas singulares ou coletivas nacionais / / constituídas ou residentes nos EUA (denominadas "pessoas dos EUA").

Esta lei determina a implementação de procedimentos de diligência e de comunicação sobre contas financeiras por parte de instituições financeiras, assim como a troca automática dessas informações entre autoridades fiscais, dotando a administração fiscal dos EUA de informações sobre contas financeiras cuja titularidade ou controlo pertença a pessoas dos EUA. O FATCA abrange informações sobre saldos e rendimentos pagos ou creditados em contas financeiras (tais como contas de depósito, de custódia, contas mantidas por entidades de investimento, contratos de seguro monetizável e contratos de renda).

O FATCA é obrigatório para todas as jurisdições signatárias de acordos bilaterais intergovernamentais (*Intergovernmental Agreements*– IGA).

A não adesão ao FATCA implica, desde 1 de julho de 2014, a aplicação de uma penalização por retenção na fonte de 30% sobre os pagamentos efetuados com origem nos EUA.

|**Referência cruzada:** CRS.

63.	FEE	**TAXA DE TRANSAÇÃO**

As taxas de transação são pagamentos realizados pelos utilizadores de uma rede *blockchain* para que as suas transações sejam processadas e incluídas na rede. Este pagamento destina-se a incentivar os validadores e a compensar o esforço computacional e os recursos necessários para validar e registar as transações na rede.

Existem vários modelos de taxas de transação que dependem da *blockchain* em questão, de que são exemplos as "fees" no Bitcoin e os "gas fees" no Ethereum:

(i) *Fees*: na rede Bitcoin, as taxas de transação (também designadas *tips* ou gorjetas) são voluntárias. Isto significa que os utilizadores podem escolher o valor da taxa que pretendem pagar, consoante a maior ou menor rapidez do processamento das suas transações. Desta forma, os utilizadores que pretendam o processamento mais rápido das suas transações podem optar voluntariamente por pagar uma taxa mais alta, acelerando deste modo a confirmação da transação. A taxa de transação no Bitcoin é, normalmente, proporcional ao tamanho da transação em *bytes* (e não à quantidade de Bitcoin transacionado).

As *tips* no Bitcoin incentivam os mineradores a validar as transações, contribuindo para a segurança da rede.

(ii) *Gas fee*: na rede Ethereum (2.0), as taxas de transação (*gas fee*) apresentam uma estrutura mais complexa devido à capacidade ampla da rede (*e.g.*, a execução de *smart contracts*). Os *gas fees* possuem duas componentes, uma componente fixa (taxa base ou *base fee*) e uma outra variável (taxa de prioridade / gorjeta ou *priority tip*).

A taxa base representa o custo mínimo associado ao esforço computacional necessário para processar e validar transações na rede. O *gas* é a unidade de medida do esforço computacional necessário à realização da operação, pelo que cada operação em Ethereum, seja uma transação de envio de ETH ou a execução de um contrato inteligente, requer uma determinada quantidade de *gas* para ser realizada. Esta taxa é automaticamente ajustada pela rede e queimada (*burn*), ou seja, removida e desconsiderada para efeitos de circulação.

A taxa de prioridade (componente de *tip* ou gorjeta) constitui a parte variável que funciona de forma similar às *tips* do Bitcoin. Os utilizadores podem escolher pagar mais – além da taxa base

– incentivando os validadores a priorizar as suas transações. Embora esta taxa pretenda ajustar a prioridade da transação na "fila" de processamento, tem também como função compensar os validadores pelo esforço computacional, especialmente quando a utilização da rede é maior.

As taxas cobradas pelas CEX e VASP / CASP não se confundem com o conceito de *transaction fee*.

Em termos de fluxo (origem, destino e distribuição):

(i) As taxas de transação (*fees* do Bitcoin e *gas fees* do Ethereum) são pagas pelos utilizadores que pretendem realizar operações na rede. Esse pagamento é efetuado na criptomoeda nativa da rede;

(ii) O pagamento é exigido pela rede no momento do envio da transação para processamento, operando normalmente através de desconto (subtração) ao montante total que é transacionado;

(iii) A rede *blockchain* procede à distribuição das *fees* aos validadores (mineradores na *blockchain* de Bitcoin e validadores *stricto sensu* na *blockchain* de Ethereum) quando o bloco é fechado;

(iv) As *fees* do Bitcoin associadas às transações de um bloco são distribuídas pela rede ao minerador desse bloco, *i.e.*, ao minerador que tiver resolvido o problema matemático criptográfico; e

(v) Os *gas fees* associados às transações de um bloco são distribuídos pela rede ao validador desse bloco, *i.e.*, ao validador escolhido com base na sua participação na rede (e, em alguns casos, com base em outros fatores como o tempo de detenção dos criptoativos). A componente do *gas fee* correspondente à taxa base é queimada, sendo apenas distribuído ao validador o valor correspondente à taxa de prioridade (a verdadeira *tip*).

Além das taxas de transação, são ainda distribuídas outras recompensas aos validadores (mineradores e validadores *stricto sensu*) no momento da validação do bloco.

No caso do sistema Bitcoin, e outras redes que utilizam o PoW, a recompensa consiste na atribuição de um número pré-determinado e fixo de *Bitcoins* (ou *block rewards*), através da criação de novas criptomoedas que são atribuídas como incentivo pelo esforço computacional e pela energia despendida no processo de mineração. Um bloco pode ser minerado mesmo sem conter nenhuma transação (além da transação de recompensa do bloco), o que demonstra que o objetivo principal das recompensas de bloco é compensar o esforço pela manutenção da segurança e integridade da rede através da mineração. Os *block rewards* funcionam, assim, como um prémio de desempenho pela solução do problema criptográfico.

No caso do sistema Ethereum 2.0, e outras redes que utilizam o PoS, a recompensa consiste na atribuição de recompensas de participação (ou *staking rewards*), que variam em função da quantidade de Ether bloqueado (em *stake*) e outras variáveis como o tempo de bloqueio. Ao contrário das recompensas de bloco em PoW, que premeiam o esforço computacional, as recompensas de participação em PoS premeiam a contribuição para a segurança da rede de uma forma direta, baseada na quantidade de criptomoedas bloqueadas e na eficácia da validação das transações. Assim, os *staking rewards* visam, predominantemente, incentivar a detenção de criptomoedas a longo prazo e a participação ativa na governança e segurança da rede.

O funcionamento dos sistemas de outras *blockchains* pode variar, dependendo da tecnologia subjacente e do mecanismo de consenso escolhido.

|**Referência cruzada:** bloco, block rewards, blockchain, gas fee, network fees, mineração, minerador, staking, validador, PoS, PoW.

64.	FINTECH	**TECNOLOGIA FINANCEIRA**

Empresas que utilizam tecnologia para oferecer serviços financeiros inovadores, ou que desenvolvem, produzem ou comercializam serviços e bens que aliam tecnologia à área financeira. Estas empresas atuam em diversos setores financeiros, como investimentos, pagamentos, empréstimos e seguros, com o objetivo de melhorar e simplificar os serviços financeiros tradicionais.

65.	FLIPPENNING	PONTO DE VIRAGEM

Refere-se ao momento em que um criptoativo supera ou ultrapassa outro em termos de capitalização ou valor de mercado.

O termo *flippenning* é frequentemente utilizado para descrever o momento (hipotético) em que o Ethereum (ETH) superaria o Bitcoin (BTC) em termos de capitalização de mercado.

|**Referência cruzada:** Bitcoin.

66.	F-NFT *Fractionalized Non-Fungible Token*	TOKEN NÃO FUNGÍVEL FRACIONADO

Os NFTs fracionados (F-NFTs) representam uma divisão do direito de propriedade de um NFT original em várias frações menores (propriedade fracionária), permitindo assim a compropriedade de um único NFT.

Estas frações, representadas por *tokens* individuais, podem ser negociadas independentemente, facilitando a distribuição e o acesso a ativos digitalmente únicos, garantindo, simultaneamente, que os proprietários de cada fração são os detentores exclusivos dessa parte específica. Os detentores de frações de NFTs têm, por norma, o direito de preferência em relação à compra de outras frações, permitindo-lhes a aquisição das frações restantes para obter o NFT na sua totalidade (ou quase totalidade).

Os F-NFTs mantêm uma conexão direta com o NFT original. Quando um NFT é submetido a este processo passam a existir múltiplas partes, cada uma representada por um F-NFT (único e distinto em si mesmo). Dentro do conjunto de frações (F-NFTs) de um NFT específico, os F-NFTs podem ser fungíveis, caso representem partes iguais e intercambiáveis entre si.

|**Referência cruzada:** NFT, token.

67.	FOREX *Foreign Exchange Market*	**MERCADO DE DIVISAS**

O mercado forex é um mercado financeiro de negociação (compra e venda) de divisas estrangeiras. É um mercado mundial, descentralizado, permitindo que bancos, outras instituições financeiras, corretoras e *traders* conduzam a negociação de moedas.

As transações realizadas através do forex não envolvem ações, mas sim moedas, que são sempre negociadas aos pares, através da troca do valor de uma pelo valor de outra. Por exemplo, a troca de Euro (EUR) por Dólar norte-americano (USD).

68.	FORK	**RAMIFICAÇÃO DA REDE**

Um *fork* ocorre quando a cadeia de blocos de um criptoativo se divide em duas versões distintas devido a alterações no seu protocolo.

As regras relativas ao funcionamento de cada tipo de criptoativo são estabelecidas pelo protocolo base, que é partilhado por todos os utilizadores. Contudo, pode ser necessário efetuar uma alteração ao protocolo, originando um *fork*.

Este fenómeno corresponde, assim, ao processo de implementação de uma nova atualização numa rede *blockchain*.

Um *fork* pode ser desencadeado por várias razões, tais como, exemplificativamente: (i) atualizar ou corrigir funcionalidades; (ii) modificar a capacidade de armazenamento dos blocos; (iii) modificar as regras de consenso; (iv) introduzir novas funcionalidades ou alterações técnicas; (v) resolver divergências na *blockchain*, e (vi) resolver a ocorrência de mineração simultânea do mesmo bloco, causando ramificações temporárias.

Este processo, também conhecido como *chain split*, requer o consenso da comunidade, bem como uma atualização do *software* para incorporar as novas diretrizes estabelecidas pelo protocolo modificado.

Podem ocorrer dois tipos de soft: *hard fork* (ramificação significativa) e *soft fork* (ramificação pouco significativa).

|**Referência cruzada:** bloco, blockchain, hard fork, soft fork.

G

69.	**GAFI** *Grupo de Ação Financeira*	FATF *Financial Action Task Force*

Organização intergovernamental criada em 1989 pelos países do G7 para desenvolver políticas nacionais e internacionais para o combate ao BC/FT.

Esta organização estabelece padrões internacionais (conhecidos por Recomendações), promovendo a implementação efetiva dos mesmos através da avaliação periódica das políticas nacionais e da monitorização dos progressos alcançados. Alem disso, o GAFI identifica novos riscos e metodologias de combate àquelas atividades criminosas.

A recomendações do GAFI abrangem os ativos virtuais e os VASP. Por via das alterações de junho de 2019 às Recomendações do GAFI, a Recomendação 15 deste organismo intergovernamental passou a determinar expressamente que: "To manage and mitigate the risks emerging from virtual assets, countries should ensure that virtual asset service providers are regulated for AML/CFT purposes, and licensed or registered and subject to Effect".

Atualmente são membros do GAFI 35 países ou territórios (África do Sul, Alemanha, Argentina, Austrália, Áustria, Bélgica, Brasil, Canadá, China, Dinamarca, Espanha, E.U.A., Finlândia, França, Grécia, Hong Kong, Índia, Irlanda, Islândia, Itália, Japão, Luxemburgo, Malásia, México, Noruega, Nova Zelândia, Países Baixos, Portugal, Reino Unido, República da Coreia, Rússia, Singapura, Suécia, Suíça e Turquia) e duas organizações regionais (Comissão Europeia e Conselho de Cooperação do Golfo).

Portugal é membro do GAFI desde 1990.

|**Referência cruzada**: AML/CFT, ativo virtual, VASP.

70.	GAS FEE	**GAS FEE**

Os *gas fee* são um tipo de *transaction fees* (taxas de transação) característico da *blockchain* de Ethereum 2.0, suportados pelos utilizadores que pretendem executar operações naquela rede.

Este mecanismo mede a quantidade e o esforço computacional necessário à realização de operações (quer transações, quer a execução de contratos inteligentes).

Os *gas fees* possuem duas componentes, uma componente fixa (taxa base ou *base fee*) e uma outra variável (taxa de prioridade / gorjeta ou *priority tip*):

(i) A taxa base representa o custo mínimo associado ao esforço computacional necessário para processar e validar transações na rede. O *gas* é a unidade de medida do esforço computacional necessário à realização da operação, pelo que cada operação em Ethereum, seja uma transação de envio de Ether ou a execução de um contrato inteligente, requer uma determinada quantidade de *gas* para ser realizada. Esta taxa é automaticamente ajustada pela rede e queimada (*burn*), ou seja, removida e desconsiderada para efeitos de circulação.

(ii) A taxa de prioridade (componente de *tip* ou gorjeta) constitui a parte variável que funciona de forma similiar às *tips* do Bitcoin. Os utilizadores podem escolher pagar mais – além da taxa base – incentivando os validadores a priorizar as suas transações. Embora esta taxa pretenda ajustar a prioridade da transação na "fila" de processamento, tem também como função compensar os validadores pelo esforço computacional, especialmente quando a utilização da rede é maior.

As taxas de gás no Ethereum são medidas e pagas em GWEI, que corresponde à fração do Ether, a criptomoeda nativa da rede Ethereum. Um GWEI equivale a um bilionésimo de Ether ou 0,000000001 Ether.

|**Referência cruzada**: bloco, blockchain, fee, network fees, mineração, minerador, staking, tip, validador.

71.	GENESIS BLOCK	**BLOCO GÉNESE**

O primeiro bloco de uma cadeia de blocos (*blockchain*). O *genesis block* constitui o ponto de partida ou o bloco inicial a partir do qual todos os outros blocos são ligados por ordem cronológica.

|**Referência cruzada:** bloco, blockchain.

72.	GOVERNANCE TOKEN	**TOKEN DE GOVERNANÇA**

Tipo de criptoativo que é criado e opera numa *blockchain* ou DLT e que permite aos seus detentores participar na tomada de decisões relativas a projetos ou protocolos *blockchain (e.g.*, o exercício de direitos de voto).

Geralmente não são considerados como valores mobiliários.

|**Referência cruzada:** criptoativo, token.

H

73.	HALVING	**HALVING**

Evento programado na rede de algumas criptomoedas, como o Bitcoin, que implica a redução para metade da recompensa concedida aos mineradores / validadores por cada novo bloco adicionado.

No caso do Bitcoin, o *halving* ocorre a cada 210.000 blocos minerados (aproximadamente de quatro em quatro anos). A recompensa inicial de 50 Bitcoins por bloco foi sucessivamente reduzida para 25 Bitcoins (28 de novembro de 2012), seguindo-se de 12 Bitcoins (9 de julho de 2016), e, recentemente, para 6,25 Bitcoins por bloco (11 de maio de 2020).

Estima-se que o próximo *halving* ocorra em 2024, reduzindo o valor da recompensa por bloco para 3,125.

|**Referência cruzada:** Bitcoin, blockchain, mineração, minerador.

74.	HARD FORK	RAMIFICAÇÃO SIGNIFICATIVA

Alteração significativa e incompatível com as regras do protocolo de uma *blockchain* que resulta na criação de duas cadeias de blocos separadas: a original e a nova versão.

Os *hard forks* resultam de alterações significativas no protocolo *blockchain*, que fazem com que a nova versão fique dessincronizada da versão anterior.

Este processo pode levar à criação de um novo criptoativo.

Dada a natureza descentralizada, é estatisticamente quase impossível que todos os participantes da rede adotem a nova atualização. Por isso, haverá alguns que mantém o *software* antigo e outros que passam a utilizar o *software* atualizado. Os participantes da rede que adotem a nova versão transitam para a nova rede, já aqueles que mantêm a utilização da versão antiga continuam a operar na cadeia original.

Exemplo: o *hard fork* que ocorreu com o Bitcoin em 2017, resultando na criação do *Bitcoin Cash*.

|**Referência cruzada:** bloco, blockchain, fork, soft fork.

75.	HASH	HASH

Um *hash* é um algoritmo matemático que converte dados informáticos de qualquer dimensão em sequências únicas de comprimento fixo. Assim, independentemente do volume e dimensão dos dados originais, um *hash* terá sempre a mesma extensão.

Em *blockchain*, o *hash* é utilizado para criar um identificador único para cada bloco e transação, assegurando a integridade dos dados.

Por exemplo, o *Bitcoin* utiliza o algoritmo SHA-256 para o *hash* de blocos e transações.

|**Referência cruzada**: blockchain, criptografia.

76.	HOT WALLET	**CARTEIRA LIGADA À INTERNET**

Carteira de criptoativos que está ligada à internet, permitindo um acesso rápido aos criptoativos.

Salientam-se dois tipos de *hot wallets*: (i) *software wallets* (ou carteiras de *software*), que são instaladas em computadores ou smartphones e (ii) online / *web wallets* (ou carteiras online) acedidas via *browsers* / navegadores da *web*, frequentemente geridos por terceiros.

Este tipo de carteira é mais vulnerável a ataques cibernéticos por estarem conectadas à internet.

|**Referência cruzada:** cold wallet, custodial wallet, non-custodial wallet, wallet.

77.	HYBRID TOKEN	**TOKEN HÍBRIDO**

Tipo de criptoativo que é criado e opera numa *blockchain* ou DLT e que combina as características de dois ou mais tipos de *tokens* (por exemplo, de *security, utility,* e *currency tokens*).

|**Referência cruzada:** token.

I

78.	IA *Inteligência Artificial*	AI *Artificial Intelligence*

A inteligência artificial compreende um conjunto de tecnologias capazes de apreender e de melhorar autonomamente, visando resolver problemas do mundo real e das organizações.

A inteligência artificial consiste em sistemas de computador ou *software* que simulam capacidades cognitivas humanas, como aprendizagem, raciocínio, resolução de problemas, compreensão de linguagem natural, perceção sensorial e tomada de decisões.

Distingue-se entre a IA restrita ou fraca e a IA geral ou forte: (i) a IA restrita ou fraca executa tarefas específicas sem capacidade de aprendizagem ou raciocino. Incluem-se neste tipo de IA os assistentes virtuais como Siri ou Alexa; (ii) a IA geral ou forte constituí um conceito teórico de uma IA com capacidade para aprender, compreender e aplicar conhecimento na execução de várias tarefas.

As técnicas fundamentais de IA incluem: (i) *machine learning* (ML) que se concentra no desenvolvimento de algoritmos que permitem aos computadores aprender partir de dados; (ii) *deep learning*, que utiliza redes neurais profundas para analisar e interpretar dados; (iii) processamento de linguagem natural (NPL), que permite às máquinas compreender, interpretar e gerar linguagem humana, como acontece, por exemplo com os *chatbots*; e (iv) visão computacional que permite às máquinas interpretar dados visuais, como acontece no reconhecimento facial, na deteção de objetos e na classificação de imagens.

79.	ICO *Initial Coin Offer*	**OFERTA INICIAL DE MOEDA**

Uma ICO é uma estratégia de captação de recursos inspirada nas Ofertas Públicas Iniciais (*Initial Public Offering* - IPO), adaptada ao universo dos criptoativos.

As ICO funcionam como um mecanismo de financiamento coletivo, destinado ao apoio de novos projetos no ecossistema *blockchain*. Segue uma lógica de *crowdfunding* (financiamento coletivo), baseado em *blockchain*, na qual os investidores contribuem com recursos financeiros em troca de *tokens* emitidos ao público pelos oferentes. O processo inicia-se com a divulgação de um documento técnico, conhecido como *white paper*, que detalha os objetivos do projeto, a estrutura do plano de negócio, os direitos conferidos pelos *tokens*, e os limites mínimo e máximo de captação de recursos.

Durante uma ICO, os investidores adquirirem *tokens* que representam uma forma de participação ou interesse no projeto, comprando-os com outros criptoativos ou mesmo moeda fiduciária (Euro (EUR) ou o Dólar norte-americano (USD)). A concretização da ICO depende da arrecadação de um valor mínimo predefinido, que, se alcançado, resulta na distribuição dos *tokens* aos participantes. Podem também ser distribuídos *tokens* no decurso do projeto (*e.g.*, distribuições pré-programadas no *white paper* / documento de oferta, distribuições aquando do cumprimento de metas específicas ou distribuições baseadas no desempenho). Uma vez detentores dos *tokens* distribuídos, os investidores podem proceder à sua venda. Se o montante mínimo da ICO não for atingido, os investimentos são reembolsados aos investidores.

Numa ICO podem ser emitidos vários tipos de *tokens*. Os mais comuns são os *utility tokens*, que são projetados para fornecer o acesso futuro a produtos ou serviços dentro do ecossistema da entidade / organização que lança a ICO (oferente, frequentemente *start-ups*). Ao adquirirem *utility tokens*, os investidores obtêm o direito de acesso a funcionalidades, serviços ou produtos específicos oferecidos pelo projeto ou pela empresa / organização emissora. Entre outros, podem ser também emitidos *security tokens*, que representam uma participação no projeto ou na entidade /organização, incluindo o direito de participar nos lucros, ou outros direitos financeiros típicos de valores mobiliários.

Quando uma ICO respeite a *tokens* de valores mobiliários, a sua realização está sujeita ao enquadramento regulatório do mercado de valores mobiliários, exigindo-se o cumprimento de obrigações legais e regulamentares nessa matéria, tais como as determinadas por entidades reguladoras, como a Comissão do Mercado de Valores Mobiliários (CMVM) em Portugal.

Este modelo de financiamento destaca-se pela sua natureza descentralizada e por oferecer uma alternativa inovadora aos métodos tradicionais de captação de recursos (*e.g.*, IPO).

Os criptoativos adquiridos através de uma ICO podem ser posteriormente aplicados (*e.g.*, *staking*, *yield farming* e empréstimos em DeFi) ou transacionados (*e.g.*, trocados e transferidos).

|**Referência cruzada:** DeFi, IPO, staking, security token, token, utility token, white paper.

80.	**INTEROPERABILIDADE**	INTEROPERABILITY

Capacidade de diferentes sistemas e redes *blockchain* comunicarem, interagirem e partilharem informações entre si, de forma eficiente e segura.

A interoperabilidade em *blockchain* ou outra DLT permite a troca de criptoativos sem a necessidade de intermediários, assim como a execução de contratos inteligentes (*smart contracts*) entre redes.

Existem protocolos específicos projetados para facilitar a interoperabilidade entre diferentes redes *blockchain* (como exemplo, Polkadot, Cosmos e protocolos de ponte – *bridge protocols*).

|**Referência cruzada:** blockchain bridges, oracle, smart contrat.

81.	INVESTIMENTO EM CRIPTOATIVOS	INVESTMENT IN CRYPTOASSETS

O investimento em criptoativos representa a aplicação de recursos financeiros na aquisição e detenção de criptoativos, com a expectativa de valorização ou retorno financeiro.

Este tipo de investimento requer estratégias e considerações de investimento, incluindo a pesquisa e análise detalhadas, a diversificação de ativos e a segurança dos ativos e das carteiras digitais, assim como o conhecimento sobre a tecnologia *blockchain* e riscos associados. O investidor deve conhecer o seu perfil de risco, os objetivos do investimento e as características dos criptoativos, antes da sua seleção para investimento.

|**Referência cruzada:** criptoativo.

82.	IOT *Internet of Things*	INTERNET DAS COISAS

A internet das coisas refere-se à interconexão digital de objetos do quotidiano com recurso à internet, possibilitando a sua programação para funcionarem de forma autónoma, sem a necessidade de intervenção humana direta.

83.	IP *Internet Protocol*	**PROTOCOLO DE INTERNET**

Conjunto de regras que regulam o envio de dados através da internet ou de uma rede, estabelecendo um sistema padronizado para a transmissão de dados entre dispositivos distintos conectados à rede global.

O endereço IP é um endereço único atribuído a cada dispositivo na rede, facilitando a identificação e localização de cada um.

84.	IPO *Initial Public Offering*	**OFERTA PÚBLICA INICIAL**

Uma IPO é um mecanismo de captação de recursos, através do qual uma sociedade torna pública a venda de ações ou outros valores mobiliários pela primeira vez. Este procedimento permite à sociedade angariar capital junto de investidores.

O processo de uma IPO envolve várias etapas, iniciando-se com a preparação da empresa (reestruturação organizacional e financeira) e a elaboração de um prospeto detalhado, que é submetido à aprovação de entidades reguladoras, como a CMVM em Portugal. Este documento integra informações sobre a empresa, incluindo a sua situação financeira, os riscos de investimento, e os detalhes da oferta de ações. Segue-se uma fase de promoção (*roadshow*) para gerar interesse entre potenciais investidores, a definição do preço das ações e a sua venda ao público na bolsa de valores escolhida.

Ao participar numa IPO, os investidores podem adquirir, por exemplo, ações de uma empresa, tornando-se assim acionistas com direito a uma fração do capital social. Esta participação confere-lhes não só a possibilidade de beneficiar de eventuais dividendos distribuídos pela sociedade, como também o direito de voto em assembleias gerais, permitindo-lhes influenciar as decisões estratégicas da sociedade.

As IPO estão sujeitas ao enquadramento regulatório do mercado de valores mobiliários, exigindo-se o cumprimento de obrigações legais e regulamentares nessa matéria, tais como as determinadas por entidades reguladoras, como a CMVM em Portugal.

|**Referência cruzada:** ICO.
|**Definição legal / regulamentar:** artigo 2.º, alínea d), do Regulamento (UE) 2017/1129 (na redação atualizada), e artigo 109.º do Decreto-Lei n.º 486/99 (Código dos Valores Mobiliários, na redação atualizada).

K

85.	KYC *Know Your Costumer*	**CONHEÇA O SEU CLIENTE**

KYC designa o conjunto de controlos e procedimentos de identificação de clientes (incluindo representantes e beneficiários efetivos) e de comprovação dos respetivos elementos identificativos.

As medidas, procedimentos, controlos e ferramentas de KYC têm como principal objetivo prevenir o BC/FT.

Os VASP / CASP na União Europeia encontram-se obrigados à implementação de medidas, procedimentos, controlos e ferramentas de KYC, ao abrigo das disposições da Diretiva (UE) 2015/849 (na redação atualizada), que refletem as recomendações do GAFI (Recomendação 15 e respetiva nota interpretativa).

Os VASP abrangidos pela Lei n.º 83/2017, de 18 de agosto, estão igualmente obrigados a adotar medidas, procedimentos, controlos e ferramentas de KYC, conforme regulamentado no Aviso do Banco de Portugal n.º 1/2023, de 24 de agosto.

|**Referência cruzada:** AML/CFT, GAFI, KYT.

86.	KYT *Know Your Transaction*	**CONHEÇA A SUA TRANSAÇÃO**

KYT designa o conjunto de controlos e procedimentos de análise e monitorização continua de transações (incluindo transações com criptoativos), com vista à deteção de operações ou conjunto de operações suspeitos ou potencialmente suspeitos.

As medidas, procedimentos, controlos e ferramentas de KYT têm como principal objetivo prevenir o BC/FT.

Os VASP / CASP na União Europeia encontram-se obrigados à implementação de medidas, procedimentos, controlos e ferramentas de KYT, ao abrigo das disposições da Diretiva (UE) 2015/849 (na redação atualizada), que refletem as recomendações do GAFI (Recomendação 15 e respetiva nota interpretativa).

Os VASP abrangidos pela Lei n.º 83/2017, de 18 de agosto, estão igualmente obrigados a adotar de medidas, procedimentos, controlos e ferramentas de KYT, conforme regulamentado no Aviso do Banco de Portugal n.º 1/2023, de 24 de agosto.

|**Referência cruzada:** AML/CFT, GAFI, KYC.

L

87.	LAYER	CAMADA

No contexto de *blockchain*, o termo "layer" refere-se a níveis distintos de infraestrutura ou protocolos desenvolvidos para disponibilizar funcionalidades ou resolver problemas específicos como a escalabilidade, interoperabilidade ou velocidade das transações. Uma "camada" é um nível ou estrato de tecnologia (*software*, protocolo ou solução) que visa criar um ecossistema *blockchain* mais escalável, eficiente e útil.

As três camadas mais comuns em *blockchain* são as seguintes:

(i) *Layer 1*: que corresponde à *blockchain* principal ou rede nativa. A primeira camada é a infraestrutura que suporta a criação e validação de blocos, a execução de transações, e a segurança geral da rede. Constituem exemplos: Bitcoin, Ethereum e Cardano.

(ii) *Layer 2*: consiste numa camada construída sobre uma *blockchain* principal ou rede nativa, que visa ampliar a capacidade e eficiência da *blockchain* existente sem alterar a segurança da camada base. Constituem exemplos: Lightning Network (para Bitcoin), Polygon e Optimism (para Ethereum).

(iii) *Layer 3*: consiste numa camada construída sobre uma *blockchain* principal ou rede nativa, que visa o desenvolvimento de aplicações específicas para os utilizadores finais, e também permitir que a *blockchain* é mais acessível pelo público em geral.

|**Referência cruzada:** Bitcoin, blockchain, Ethereum.

88.	LEDGER	ARQUIVO DIGITAL DE DADOS

Arquivo digital que contém o histórico de todas as transações ou eventos digitais de uma plataforma *blockchain* ou DLT. O *ledger* funciona de forma segura, transparente e imutável devido à combinação da tecnologia *blockchain* (princípios e estrutura) e da criptografia.

Este arquivo funciona de modo semelhante a um livro de atas ou a um livro-razão (de registos contabilísticos) que, por ter uma natureza distribuída, é replicado por todos os nós (*nodes*) da rede, tornando as transações visíveis para todos os participantes. Além disso, o *ledger* garante a imutabilidade, porquanto para alterar ou destruir um registo teriam de ser alteradas todas as cópias de todos os nós da rede.

A relação entre o *ledger* e a *blockchain* é intrínseca e fundamental. A *blockchain* é a tecnologia que permite a implementação do registo central das transações e eventos (*ledger*).

|**Referência cruzada:** blockchain, node, peer.

89.	LIQUIDEZ	LIQUIDITY

Facilidade de um ativo ser comprado e vendido no mercado sem que isso afete significativamente o seu preço, o que implica que tenha larga aceitação e que não seja detido por um pequeno número de proprietários que podem controlar o mercado com base na percentagem de ativos que detém (estes utilizadores são designados como baleias/*whale*).

No que respeita aos criptoativos, liquidez significa que há um elevado volume de negociação e facilidade de conversão em moeda fudiciária ou em outros criptoativos, sendo por isso maior a liquidez dos criptoativos mais conhecidos e com maior aceitação no mercado, como o Bitcoin.

|**Referência cruzada:** Bitcoin, criptoativo.

90.	LIQUIDITY POOLS	**FUNDOS DE LÍQUIDEZ**

Reservas de criptoativos que estão imobilizados em contratos inteligentes (*smart contracts*), e que visam facilitar a negociação entre diferentes ativos em plataformas DeFi, sem a necessidade de um intermediário tradicional, ou de uma CEX ou VASP / CASP.

Os participantes que fornecem liquidez depositam os pares de criptoativos (por exemplo, num *pool* de ETH/USDT), sendo geralmente remunerados com uma fração das taxas das transações efetuadas no *pool*, proporcional à sua participação no *pool*.

|**Referência cruzada:** CASP, CEX, criptoativo, DeFi, smart contract, VASP.

M

91.	MARKET CAP	**CAPITALIZAÇÃO DE MERCADO**

A capitalização de mercado (ou valor de mercado) é uma métrica usada tanto nos mercados financeiros tradicionais quanto nos mercados de criptoativos.

Market cap representa o valor total de mercado de um criptoativo, calculado pela multiplicação do seu preço atual pelo número total de unidades em circulação.

|**Referência cruzada:** criptoativo.

92.	MASSA MONETÁRIA	MONETARY MASS

Soma ou totalidade de dinheiro (notas, moedas e depósitos bancários) que um país tem num dado momento. A massa monetária é frequentemente dividida em várias medidas, tipicamente denominadas M0, M1, M2, e, em alguns casos, M3:

(i) M0 ou base monetária restrita, inclui a moeda fiduciária em circulação dentro de uma determinada economia / país [notas (ou moeda-papel) e moedas (ou moda metálica) e reservas bancárias (moeda detida pelas instituições financeiras e respetivos depósitos no Banco Central)];

(ii) M1, que além do M0, inclui os depósitos à vista (contas correntes) em bancos comerciais (*i.e.*, moeda com liquidez imediata). Este agregado corresponde ao conjunto dos ativos financeiros que realizam a função de meio imediato de pagamento;

(iii) M2, que além do M1, inclui ativos financeiros de elevada liquidez que não são um meio imediato de pagamento, como os depósitos a prazo (depósitos para investimento e poupança) em bancos comerciais;

(iv) M3, que corresponde à medida mais ampla. Além do M2, inclui outros ativos financeiros de elevada liquidez, como títulos de dívida de curto prazo, que podem não ser emitidos pelas Instituições Financeiras Monetárias (IFM). O Banco Central Europeu usa o M3 como agregado de referência.

93.	MECANISMO DE CONSENSO	CONSENSUS MECHANISM

Um mecanismo de consenso é um protocolo que possibilita aos participantes de uma rede distribuída (nós ou *nodes*) alcançarem a concordância unânime (consenso) sobre a versão válida do registo de dados na respetiva *blockchain*. Este processo permite a validação de transações em *blockchain*, bem como o aditamento de novos blocos à cadeia, mantendo a rede sincronizada.

Ao contrário dos sistemas centralizados, em que existe uma autoridade central que toma as decisões e gere o funcionamento do sistema, uma *blockchain* opera sem uma entidade de gestão central, revelando-se necessário assegurar que a validação e o registo das transações na rede, bem como a tomada de decisões coletivas, se realizam com segurança, não prejudicando a integridade dos dados.

Os mecanismos de consenso garantem que a validação de transações e a criação de blocos numa *blockchain* são efetuadas de forma sincronizada na rede, e que, mesmo na ausência de uma autoridade central, a rede de participantes independentes (computadores, servidores ou dispositivos conectados à rede *blockchain*) permitem o acordo sobre a versão atualizada e correta do livro-razão.

Embora cada *blockchain* tenha regras próprias quanto aos mecanismos de consenso que adota, os mais comuns são o *Proof of Work* (PoW) e o *Proof of Stake* (PoS).

O termo "mecanismo de consenso" é definido no ponto 3) do artigo 2.º do Regulamento (UE) 2022/858 (DLTR) como "regras e procedimentos através dos quais se chega a acordo, entre os nós da rede DLT, em como uma transação é válida".

|**Referência cruzada:** bloco, blockchain, DLTR, PoS, PoW.
|**Definição legal / regulamentar:** artigo 2.º, ponto 3), do Regulamento (UE) 2022/858 (DLTR).

94.	METADADO	METADATA

Informação que descreve as características de um dado, e que permite a sua identificação, gestão e organização. Os metadados podem incluir o detalhe sobre o conteúdo, data, qualidade ou outros atributos.

95.	METAVERSO	METAVERSE

Ambiente virtual, imersivo e coletivo, criado pela convergência do mundo virtual com a realidade aumentada e a internet. O metaverso utiliza diversas tecnologias, como a realidade virtual e realidade aumentada, permitindo que os utilizadores, representados por avatares, interajam entre si.

96.	MiCAR *Markets in Crypto Assets Regulation*	**REGULAMENTO RELATIVO AOS MERCADOS DE CRIPTOATIVOS**

Regulamento (UE) 2023/1114 do Parlamento Europeu e do Conselho, de 31 de maio de 2023, relativo aos mercados de criptoativos e que altera os Regulamentos (UE) n.º 1093/2010 e (UE) n. º 1095/2010 e as Diretivas 2013/36/UE e (UE) 2019/1937, publicado no Jornal Oficial da União Europeia no dia 9 de junho de 2023. Este regulamento entrou em vigor em 29 de junho de 2023, aplicando-se, faseadamente, desde 2023, até ao final de 2024.

O Regulamento dos Mercados de Criptoativos, conhecido como MiCAR (*Markets in Crypto Assets Regulation*), é um ato jurídico da União Europeia que estabelece regras harmonizadas quanto à classificação, à emissão, à oferta pública e à admissão à negociação de criptoativos, assim como quanto à prestação de serviços relacionados com criptoativos.

O MiCAR abrange os emitentes de criptoativos não regulamentados por outros atos da União Europeia em matéria de serviços financeiros e os prestadores de serviços relacionados com esses criptoativos (CASP, em que se incluem os VASP).

As regras incidem sobre: (i) requisitos de transparência e de divulgação para a emissão, a oferta pública e a admissão de criptoativos numa plataforma de negociação; (ii) a autorização e supervisão dos CASP e dos emitentes de ART ("criptofichas referenciadas a ativos") e de EMT ("criptofichas de moeda eletrónica"); (iii) o funcionamento, organização e governação dos emitentes e dos CASP; (iv) a proteção dos detentores de criptoativos e dos clientes dos CASP; e (v) medidas para prevenir as transações com base em informação privilegiada, a transmissão ilícita de informação privilegiada e a manipulação de mercado.

Este Regulamento faz parte do pacote Finança Digital, apresentado pela Comissão Europeia em 24 de setembro de 2020, o qual pretende desenvolver uma abordagem europeia que promova o desenvolvimento tecnológico e assegure a estabilidade financeira e a proteção dos consumidores. Além do Regulamento MiCA, o pacote inclui o Regulamento Resiliência Operacional Digital (DORA) – que abrange também os prestadores de serviços de criptoativos – e um regime-piloto para as infraestruturas de mercado baseadas na tecnologia de registo distribuído (DLTR).

|**Referência cruzada:** ART, CASP, DLTR, DORA, EMT, VASP.
|**Outras referências:** artigo 1.º, do Regulamento (UE) 2023/1114 (MiCAR).

97.	**MINERAÇÃO**	MINING

Processo que permite adicionar um novo bloco na *blockchain.*

Neste processo, característico do mecanismo de consenso *proof of work* (PoW), os participantes da rede competem entre si para resolver problemas matemáticos complexos. O primeiro minerador a resolver o problema tem o direito de adicionar o bloco seguinte à *blockchain* e é recompensado com novas unidades do criptoativo e com o produto das taxas de transação cobradas pela rede (como recompensa pelos serviços de mineração). Quando exista um limite de criptoativos a ser emitidos pela rede, e quando o mesmo é atingido, os mineradores são apenas recompensados pela prestação dos serviços de mineração.

No caso do BTC, o limite é de 21 M. À data da redação desta obra, encontram-se em circulação 19.63 M de BTC.

É através do processo de mineração que são continuamente introduzidos criptoativos na rede.

A mineração constitui ainda um processo relevante para a segurança da rede, pois cada bloco e cada transação validados e adicionados à *blockchain* passam a integrar um registo permanente e imutável.

|**Referência cruzada:** Bitcoin, blockchain, criptoativo, criptomoeda, minerador, PoW, PoS, validação.

98.	**MINERADOR**	MINER

Computador, servidor ou dispositivo conectado à rede *blockchain* (nó ou *node*), normalmente operado por uma pessoa, entidade ou organização, ou grupo (este último num contexto de mineração em *pool*), responsável por validar e registar transações, bem como adicionar novos bloco à *blockchain*.

Os participantes nesta atividade, conhecidos por mineradores, competem entre si para resolver problemas matemáticos complexos. O primeiro minerador a decifrar o problema é recompensado com a emissão de novas unidades do criptoativos (em particular, criptomoedas, *tokens* nativos) da rede (por exemplo, Bitcoin) e também com as taxas de transação que estão acumuladas no bloco. Quando exista um limite de criptoativos a ser emitidos pela rede, e quando o mesmo é atingido, os mineradores são apenas recompensados pela prestação dos serviços de mineração. Os restantes mineradores, apesar de contribuírem para o processo de mineração, geralmente não são recompensados (a não ser que sejam os primeiros a concluir a tarefa).

Na mineração de Bitcoin e de outras criptomoedas que utilizam o mecanismo de consenso de prova de trabalho (PoW), os rendimentos, ou seja, as recompensas pela validação de operações (mineração), são apenas atribuídos ao minerador do bloco ou ao *pool* de mineradores que consegue ser o primeiro a adicionar um novo bloco à *blockchain*.

No mecanismo de consenso de prova de trabalho (PoW), minerador refere-se a um tipo específico de validador. Já no mecanismo de prova de participação (PoS), não existe uma designação específica para validador nessa rede (pese embora em língua inglesa sejam designados *stakers*).

|**Referência cruzada:** blockchain, criptoativo, mineração, minerador, PoW, PoS, staking, token, validador.

99.	MINING FARM	**MINING FARM**

Data centres dedicados à mineração de criptomoedas (criptoativos / / *tokens* nativos), em que um grupo de mineradores opera conjuntamente para maior eficiência no uso de energia.

|**Referência cruzada:** criptoativo, criptomoeda, cloud mining, minerador, mineração token.

100.	MINTING NFT	EMISSÃO DE TOKENS NÃO FUNGÍVEIS

No contexto dos NFTs, constitui o processo de criação e registo de um novo *token* não fungível em *blockchain* ou outra DLT (*minting lato sensu*).

Este processo é composto por várias fases: (i) a primeira, a tokenização, que consiste na criação de uma representação digital de um bem / ativo, seja este real ou digital (arte, música, vídeo, jogos, etc.), ou de direitos associados a esse bem / ativo, num *token* não fungível em *blockchain*. Esta transformação implica a atribuição de um identificador único e a atribuição de metadados específicos, tais como informação do autor e outros atributos que definem a sua unicidade e propriedade, preparando o ativo digital para a sua inclusão na *blockchain*; e (ii) a segunda, o *minting stricto sensu*, que corresponde ao registo (ou cunhagem) do ativo digital em *blockchain*, tornando-o parte de um registo público e imutável, passível de ser negociado e verificado em *blockchain*.

O *minting* de um NFT implica, para o seu criador, o pagamento de uma taxa de transação à rede (*gas fee* no caso da Ethereum), a qual visa remunerar os validadores pelo processamento e pelo registo da transação na *blockchain*. Esta taxa visa cobrir o custo computacional necessário à execução do contrato inteligente que cria o NFT.

O *minting* não é um termo exclusivamente aplicável aos NFTs. No contexto dos criptoativos fungíveis, corresponde ao processo de criação de novos criptoativos, de que é exemplo a mineração. Contudo, diferentemente do *minting* de NFTs, que envolve a criação de um *token* único e com propriedades não fungíveis, o *minting* através da mineração leva à produção unidades de um ativo que são idênticas e substituíveis.

|**Referência cruzada:** mineração, metadados, NFT, token, tokenização.

101.	MOEDA ELETRÓNICA	ELECTRONIC MONEY

Moeda eletrónica é o valor monetário armazenado eletronicamente, inclusive de forma magnética, representado por um crédito sobre o emitente e emitido após receção de notas de banco, moedas ou moeda escritural, para efetuar operações de pagamento, tais como depósitos, transferências ou levantamentos de fundos. No ordenamento jurídico português, tais operações de pagamento são elencadas na alínea ii) do artigo 2.º do Decreto-Lei n.º 91/2018, de 12 de novembro (Regime Jurídico dos Serviços de Pagamento e da Moeda Eletrónica – RJSPME).

O valor monetário deve corresponder ao montante de notas e moedas ou de moeda escritural que é entregue pelo adquirente da referida moeda (o cliente portador de moeda eletrónica) ao emitente da mesma, tendo em vista a realização das operações de pagamento.

O cartão pré-pago constitui um exemplo de moeda eletrónica, mas existem contas de moeda eletrónica que não têm cartões associados.

A constituição de instituições de moeda eletrónica em Portugal depende de autorização pelo Banco de Portugal, nos termos do artigo 18.º do RJSPME.

|**Referência cruzada:** moeda fiduciária.
|**Definição legal / regulamentar:** artigo 2.º, alínea ff), do Decreto-Lei n.º 91/2018, de 12 de novembro (RJSPME, na versão atualizada) e anexo VI, secção IV, ponto A.5, da Diretiva 2011/16/EU (DAC8, na redação atualizada).

102.	MOEDA FIDUCIÁRIA	FIAT CURRENCY

Termo que deriva de fidúcia (confiança). A moeda fiduciária não possui valor intrínseco não estando respaldada por um bem físico (como o ouro ou a prata), mas antes na confiança que os utilizadores têm no sistema monetário, *i.e.*, de que a moeda será aceite como meio de pagamento e que o governo ou banco central emitente manterá seu valor.

A moeda fiduciária tem curso legal num país ou grupo de países por determinação de uma autoridade pública.

Consideram-se moedas fiduciárias as notas de banco, as moedas designadas como tendo curso legal, a moeda escritural e a moeda eletrónica. São exemplos de moeda fiduciária o Euro (EUR) ou o Dólar norte-americano (USD).

El Salvador e a República Centro-Africana foram os primeiros países a adotar o Bitcoin como moeda fiduciária, em setembro de 2021 e abril de 2022, respetivamente. A quase totalidade dos países / jurisdições não considera o Bitcoin como moeda fiduciária.

|**Referência cruzada:** Bitcoin, moeda eletrónica.
|**Definição legal / regulamentar:** artigo 2.º, n.º 1, alínea kk), da Lei n.º 83/2017, de 17 de agosto (na redação atualizada), anexo VI, secção IV, ponto C.5, da Diretiva 2011/16/EU (DAC8, na redação atualizada) e artigo 3.º, n.º 1, ponto 8, do Regulamento (UE) 2023/1114 (MiCAR).

N

103.	NETWORK PROTOCOL TOKEN	**TOKEN DE PROTOCOLO**

Tipo de *token* com uma aplicação e propósito específicos dentro da estrutura de um protocolo de rede *blockchain.*

Os *network protocol tokens* são especificamente projetados para permitir o funcionamento, segurança e governança de um protocolo de rede *blockchain.*

|**Referência cruzada:** blockchain, token.

104.	NFT *Non-Fungible Token*	**TOKEN NÃO FUNGÍVEL**

Tipo de ativo digital não fungível, baseado em criptografia e tecnologia *blockchain*, que representa e certifica a propriedade e a autenticidade de um bem único, não substituível, seja ele digital (obra de arte ou colecionável digital, música, vídeo, *tweet*, etc.) ou físico (imóvel, colecionável tangível, etc.).

Os NFTs dispõem de um código de identificação único e de metadados codificados que conferem características exclusivas aos criptoativos, tornando-os distintos de quaisquer outros. Estes metadados podem incluir informações sobre a origem do bem, o seu criador, a propriedade, a prova de autenticidade e o histórico de transações. Os NFTs são assim únicos e não podem ser trocados de forma equivalente, pois cada unidade de NFT é diferente e não pode ser substituída por outra unidade.

Os NFTs, tal como outros criptoativos, têm uma natureza descentralizada, o que significa que ao contrário das moedas fiduciárias não são controlados por uma entidade central, como um governo ou banco central. Por serem criados em *blockchain* ou outras DLT, os NFTs garantem a segurança, a transparência e a imutabilidade dos dados registados, permitindo uma verificação da propriedade e da proveniência dos ativos digitais.

O padrão de emissão de NFTs é específico e distinto dos padrões utilizados para a emissão de outros criptoativos fungíveis. Na rede Ethereum, o padrão mais comum de criação de NFTs é o ERC-721 e o ERC-1155 (que é uma evolução do ERC-721). Nos criptoativos fungíveis, o mais comum é o ERC-20.

Embora os NFTs sejam, à partida, indivisíveis, é possível fracionar um NFT, dando lugar a vários F-NFT (*i.e.*, à compropriedade de um NFT por dois ou mais titulares).

|**Referência cruzada:** criptoativo, ERC, F-NFT, metadado, token.

105.	**NÓ MESTRE**	MASTERNODE

Node especializado com funções mais avançadas, como governança e votação, além das funcionalidades básicas associadas a um *full node* (tais como manter uma cópia completa do *ledger* da *blockchain* e participar ativamente na validação de transações e blocos).

|**Referência cruzada:** blockchain, node.

106.	NODE	**NÓ DE REDE**

"Nó de rede" "node de rede" ou simplesmente "node" refere-se a um dispositivo ou processo que faz parte de uma rede e que detém uma réplica total ou parcial de registos de todas as transações num registo distribuído. Um *node* é um ponto de conexão numa rede, permitindo a transferência de informações entre diferentes partes.

Em *blockchain*, os nodes são responsáveis pela validação e processamento de transações, verificando a autenticidade e a conformidade das transações com as regras da rede antes do seu aditamento à *blockchain*. Existem diferentes tipos de nodes, como *full nodes*, que mantêm uma cópia completa da *blockchain*, e os *light nodes*, que mantêm apenas as informações essenciais, dependendo dos *full nodes* para armazenar e validar informações adicionais.

Os *nodes* podem categorizar-me mediante as funções assumidas na rede: (i) *full nodes*: são *nodes* que mantêm uma cópia completa do *ledger* da *blockchain* e participam ativamente na validação de transações e blocos, desempenhando por isso uma função fundamental na manutenção da integridade e segurança da rede; (ii) *light nodes*: são *nodes* que podem verificar transações, mas que não mantêm uma cópia integral do *ledger*. Estes *nodes* dependem de *full nodes* para obter informações sobre o estado da rede; e (iii) *mining nodes*: são *nodes* mineradores em PoW responsáveis por resolver problemas criptográficos complexos para adicionar novos blocos à cadeia.

No contexto da *web*3, os *nodes* podem ser utilizados para interagir com contratos inteligentes (*smart contracts*) e aplicações descentralizadas (dApps), facilitando a execução de lógica de programação distribuída.

Os *nodes* são computadores, dispositivos ou sistemas de *hardware* específicos que se conectam e participam ativamente na rede, sendo operados por pessoas, entidades ou organizações.

A presença de múltiplos *nodes* ajuda a garantir a descentralização da rede, princípio fundamental da tecnologia *blockchain*.

O termo "Nó da rede DLT" é definido no ponto 4) o artigo 2.º do Regulamento (UE) 2022/858 (DLTR) e no ponto 4) do n.º 1 do artigo 3.º do Regulamento (UE) 2023/1114 (MiCAR) como "um dispositivo ou processo que faz parte de uma rede e que detém uma réplica total ou parcial de registos de todas as transações num registo distribuído".

|**Referência cruzada:** blockchain, DLTR, ledger, MiCAR, peer, smart contract.
|**Definição legal / regulamentar:** artigo 2.º, ponto 4), do Regulamento (UE) 2022/858 (DLTR) e artigo 3.º, n.º 1, ponto 4), do Regulamento (UE) 2023/1114 (MiCAR).

107.	NON-CUSTODIAL WALLET	CARTEIRA SEM CUSTÓDIA

As *non-custodial wallets*, também designadas *unhosted wallets* (ou carteiras sem custódia / não custodiadas ou endereços auto-alojados) são carteiras digitais cujas chaves (incluindo a privada) e os criptoativos aí mantidos são integralmente controlados pelo utilizador.

As formas mais comuns de armazenar carteiras não custodiadas são: (i) as *software wallets* (carteiras de *software*): que permitem ao utilizador interagir com a *blockchain*. Estas carteiras podem ser instaladas em computadores ou dispositivos móveis; (ii) as *hardware wallets* (carteiras de *hardware*): que consistem em dispositivos físicos que permitem armazenar chaves privadas de forma segura; e (iii) *paper wallets* (carteiras de papel): que consistem numa forma física de armazenamento, o que implica a impressão das chaves públicas e privadas em papel.

As operações com criptoativos mantidos neste tipo de carteiras podem ser realizadas pelos detentores das respetivas chaves privadas através de DEX (*exchanges* descentralizadas), bem como em plataformas DeFi para empréstimos, *staking e farming*.

Por oposição, as *custodial wallets*, também designadas *hosted wallets* (ou carteiras com custódia / custodiadas) são carteiras digitais cujos fundos são armazenados por uma terceira parte, a qual tem o controlo sobre as chaves privadas. Geralmente as *custodial wallets* são mantidas por VASP / / CASP.

|**Referência cruzada:** cold wallet, custodial wallet, DEX, hot wallet, staking, wallet.
|**Definição legal / regulamentar:** artigo 2.º, n.º 1, alínea i) do Aviso do Banco de Portugal n.º 1/2023, de 24 de agosto.

O

108.	OPEN SOURCE	CÓDIGO ABERTO

É um *software* ou plataforma cujo código fonte é aberto, permitindo que qualquer pessoa ou entidade o possa aceder, modificar ou distribuir.

109.	ORACLE	**ORÁCULO**

Mecanismo que fornece dados do mundo real a contratos inteligentes na *blockchain*, permitindo que esses contratos inteligentes interajam com informações externas.

Os oráculos funcionam como uma ponte (ligação) entre a rede *blockchain* e o mundo real.

|**Referência cruzada:** blockchain.

P

110.	PEER	**PARTICIPANTE DA REDE**

Participante individual ou nó dentro da rede *blockchain*.

Em redes *peer-to-peer* (P2P) como a *blockchain*, cada ponto de conexão é frequentemente chamado de "*peer*". Em regra, cada *peer* constitui um *node* da *blockchain*.

Os *peer* mantêm a rede, validam transações e blocos, mantém uma cópia do *ledge*r (livro-razão) e participam no mecanismo de consenso.

Os *peers* podem categorizar-se mediante as funções assumidas na rede: (i) *full nodes*: são *peers* que mantêm uma cópia completa do *ledger* da *blockchain* e participam ativamente na validação de transações e blocos, desempenhando por isso uma função fundamental na manutenção da integridade e segurança da rede; (ii) *light nodes*: são *peers* que podem verificar transações, mas que não mantêm uma cópia integral do *ledger*. Estes *peers* dependem de *full nodes* para obter informações sobre o estado da rede; e (iii) *mining nodes*: são *peers* mineradores em PoW responsáveis por resolver problemas criptográficos complexos para adicionar novos blocos à cadeia.

Os *peer* são computadores, dispositivos ou sistemas de *hardware* específicos que se conectam e participam ativamente na rede, sendo operados por pessoas, entidades ou organizações.

|**Referência cruzada:** blockchain, ledger, mineração, minerador, node, validador.

111.	PERMUTA	SWAP

Permuta, troca ou escambo é o contrato oneroso mediante o qual uma das partes transmite o direito de propriedade sobre uma coisa ou um outro direito tendo por contrapartida a propriedade de outra coisa ou de outro direito. Apesar de oneroso, por implicar esforços económicos para ambas as partes, a permuta diferencia-se da compra a venda, uma vez que a contraprestação de uma das partes não consiste no pagamento de um preço.

Dentro autonomia privada, embora não previsto na lei, o contrato de permuta é admissível no direito português, aplicando-se, para além do disposto pelas partes, as regras da compra e venda, na medida em que sejam conformes com a sua natureza.

A troca de um criptoativo por outro criptoativo é uma permuta, por exemplo, Bitcoin por Ether.

|**Referência cruzada:** Bitcoin, criptoativo.

112.	PLATAFORMA ELETRÓNICA	ELECTRONIC PLATFORM

Uma plataforma eletrónica é um sistema baseado em *software* que opera através da internet ou de outra rede de comunicação digital, permitindo a interação entre utilizadores, serviços, e / ou recursos digitais.

No ordenamento jurídico português, e no âmbito da contratação pública, uma plataforma eletrónica é definida como "a infraestrutura tecnológica constituída por um conjunto de aplicações, meios e serviços informáticos necessários ao funcionamento dos procedimentos eletrónicos de contratação pública nacional, sobre a qual se desenrolam os referidos procedimentos".

No contexto da *blockchain* e outras DLT, uma plataforma eletrónica refere-se a um sistema ou infraestrutura digital que utiliza a infraestrutura e os princípios de uma *blockchain* ou outra DLT existente para oferecer serviços específicos ou realizar determinadas funções.

|**Referência cruzada:** blockchain.

|**Definição legal / regulamentar:** artigo 2.º, alínea e), da Lei n.º 96/2015, de 17 de agosto.

113.	POOLED WALLET	CARTEIRA COLETIVA

No contexto dos criptoativos, consiste numa carteira com guarda (*custodial wallet / hosted wallet*) que é utilizada por um cliente para a detenção de criptoativos de clientes seus, estes últimos sem poderes de movimentação da carteira.

|**Referência cruzada:** custodial wallet.
|**Definição legal / regulamentar:** artigo 2.º, n.º 1, alínea p), do Aviso do Banco de Portugal n.º 1/2023, de 24 de agosto.

114.	PoS *Proof of Stake*	PROVA DE PARTICIPAÇÃO

O *Proof of Stake* (PoS) é um mecanismo de consenso utilizado por várias redes *blockchain*, que requer que os participantes da rede, designados de validadores ("stakers"), utilizem os seus criptoativos como meio para registar e validar transações e para criar novos blocos. No PoS, a escolha dos validadores assenta na quantidade de criptoativos detidos e no período durante o qual estes são mantidos em "stake". A lógica subjacente a este mecanismo reside na premissa de que, ao possuírem uma parcela significativa na rede, em resultado da detenção de quantidades consideráveis de criptoativos, os validadores estão economicamente incentivados a assegurar a segurança e o bom funcionamento da rede.

As recompensas atribuídas aos validadores pelas suas funções de validação podem ter origem no produto das taxas de transação (*gas fee*) cobradas aos utilizadores da rede, e, em certos casos, na emissão de novas unidades da criptomoeda nativa da rede, de acordo com as regras estabelecidas no protocolo da *blockchain*.

Diferentemente do PoW, em que as recompensas são atribuídas em função da resolução de problemas matemáticos complexos, no PoS, as recompensas são distribuídas com base na participação de cada validador na rede.

Em PoS, é comum a formação de *pools* de validadores que combinam os seus criptoativos em "stake", funcionando como um único validador na rede. Esta abordagem aumenta a probabilidade de seleção de participantes detentores de menores quantidades de criptoativos, permitindo que, em *pool*, contribuam para a segurança e operacionalidade da rede, partilhando proporcionalmente as recompensas recebidas.

|**Referência cruzada:** criptoativo, criptomoeda, halving, mecanismo de consenso, mineração, minerador, PoW, staking, validador.

115.	PoW *Proof of Work*	**PROVA DE TRABALHO**

O *Proof of Work* (PoW) é um mecanismo de consenso utilizado por várias redes *blockchain*, que requer que os participantes da rede, designados de mineradores (computadores, servidores ou dispositivos conectados à rede *blockchain*) empreguem significativa capacidade / poder computacional para resolver problemas matemáticos complexos.

O primeiro minerador a resolver o problema matemático ganha o direito a adicionar um novo bloco de transações à rede. O minerador, em PoW, é recompensado com as taxas de transação e com o *block reward*, uma certa quantidade de criptoativos (criptomoedas, os *tokens* nativos da rede). Por exemplo, na *blockchain* do Bitcoin, o minerador é recompensado com a criptomoeda nativa Bitcoin. A quantidade de criptomoedas recebidas como recompensa pode variar ao longo do tempo, seguindo as regras pré-definidas no protocolo da respetiva rede. No caso do Bitcoin, a regra determina a redução da recompensa pela metade a cada 210.000 blocos minerados (evento denominado *halving*).

Diferentemente do PoS, em que as recompensas são distribuídas com base na participação de cada validador na rede, no PoW as recompensas são atribuídas em função da resolução de problemas matemáticos complexos.

Em PoW, é comum a formação de *pools* de mineração, em que diversos mineradores combinam o seu poder computacional para aumentar a probabilidade de resolução dos problemas matemáticos necessários para validar blocos. Esta abordagem permite que mineradores com capacidade computacional limitada ou mais reduzida participem na mineração de novos blocos, partilhando as recompensas recebidas.

|**Referência cruzada:** Bitcoin, criptoativo, criptomoeda, halving, mecanismo de consenso, mineração, minerador, PoS, staking, validador.

116.	**PROTOCOLO**	PROTOCOL

Um protocolo *blockchain* é um conjunto de regras sobre funcionamento de uma rede *blockchain*. Estas regras determinam a forma de processamento e validação das transações, e da sua integração na *blockchain*.

|**Referência cruzada:** blockchain.

R

117.	**REDES NEURONAIS ARTIFICIAIS**	NODE NETWORK

As redes neuronais artificiais são estruturas complexas interligadas por nós (nodes) que têm a capacidade de simular o funcionamento do cérebro humano.

Cada nó é capaz de realizar operações de cálculo que podem ou não ser propagadas para a rede neuronal e possui uma memória local que guarda o resultado do último cálculo realizado e dos elementos que estiveram associados a esse cálculo.

Os nós são constituídos por três elementos essenciais: (i) o elemento que capta as informações; (ii) o elemento central que guarda as informações e as processa; e (iii) o elemento que distribui as informações relevantes processadas pela rede (nem toda a informação processada é transmitida à rede – só é disseminada pela rede a informação relevante).

|**Referência cruzada:** node, peer.

118.	**REGULAÇÃO**	REGULATION

O termo "regulação" refere-se ao ato ou efeito de estabelecer, criar, aplicar ou implementar normas, regras ou diretrizes com a finalidade de definir, estruturar, direcionar, controlar, fiscalizar ou supervisionar variadas esferas da sociedade, incluindo atividades e setores. A regulação pode emanar de órgãos de soberania com competência legislativa (poder legislativo) ou de autoridades ou entidades reguladoras.

Nos domínios financeiro, económico e tecnológico, a regulação visa assegurar a estabilidade dos mercados, proteger os consumidores e investidores, e estimular um ecossistema inovatório e sustentável.

|**Referência Cruzada:** DAC, DLTR, DORA, MiCAR, SEC.

S

119.	SATOSHI	**SATOSHI**

Satoshi é a menor fração do Bitcoin, correspondendo a 0,00000001 BTC.

Considerando que um Bitcoin é composto por 100 milhões de Satoshis, esta unidade permite a realização de transações de valores muito reduzidos na rede Bitcoin (desde que não inferiores a 1 Satoshi).

|**Referência cruzada:** Bitcoin.

120.	SEC *Securities and Exchange Commission*	**COMISSÃO DE VALORES MOBILIÁRIOS DO EUA**

A Comissão de valores mobiliários dos Estados Unidos, geralmente referida pela sigla "SEC", é uma agência federal independente do governo federal americano que regula o mercado de valores mobiliários dos EUA.

121.	SECURITY TOKEN	**TOKEN DE VALOR MOBILIÁRIO**

Os *security tokens* ou *investment tokens,* também designados "criptofichas de valores mobiliários" ou "*tokens* de investimento", são um tipo de criptoativo que é criado e opera numa *blockchain* ou DLT e que representa digitalmente ativos financeiros.

Este tipo de *tokens* confere, ao seu detentor, direitos semelhantes aos de um valor mobiliário, *e.g.*, como uma ação, atribuindo direitos de participações nos lucros da entidade emitente e, em determinados casos, direitos de voto nas deliberações da entidade.

A emissão destes criptoativos está geralmente associada a STO.

Os *security tokens* são mais comummente *tokens* fungíveis e não nativos de uma *blockchain* específica, utilizando padrões de *tokens* como ERC-20 (para Ethereum).

Em Portugal, e na União Europeia, a qualificação de um criptoativo com funções de investimento como um valor mobiliário depende de uma análise casuística e da aplicação dos requisitos previstos na legislação aplicável.

|**Referência cruzada:** criptoativo, STO, token.

122.	SEED PHRASE	**FRASE DE RECUPERAÇÃO**

Sequência de palavras geradas por uma carteira digital de criptoativos (*wallet*), conhecida como frase de recuperação ou mnemónica, que permite recuperar os criptoativos guardados numa *non-custodial wallet* ou *unhosted wallet* (ou carteira sem custódia / carteira sem guarda ou endereço auto-alojados).

A frase de recuperação funciona como uma chave mestra para recuperar ou aceder aos criptoativos em caso de perda, dano ou esquecimento da chave privada.

|**Referência cruzada**: chave privada, non-custodial wallet, wallet.

123.	**SISTEMA INFORMÁTICO**	INFORMATIC SYSTEM

Um sistema informático constitui um conjunto integrado de componentes de *hardware* (dispositivos físicos) e *software* (programas de computador) projetados para processar, armazenar e comunicar informações digitais.

Corresponde a qualquer dispositivo ou conjunto de dispositivos interligados ou associados, em que um ou mais de entre eles desenvolve, em execução de um programa, o tratamento automatizado de dados informáticos, bem como a rede que suporta a comunicação entre eles e o conjunto de dados informáticos armazenados, tratados, recuperados ou transmitidos por aquele ou aqueles dispositivos, tendo em vista o seu funcionamento, utilização, proteção e manutenção.

|**Definição legal / regulamentar:** artigo 2.º, alínea a), da Lei n.º 109/2009, de 15 de setembro (Lei do Cibercrime, na versão atualizada).

124.	SMART CONTRACT	**CONTRATO INTELIGENTE**

Os *smart contracts* são programas de computador ou um conjunto de instruções codificadas que estão armazenados e que são executados numa *blockchain* ou outra DLT.

Estes contratos são executados automaticamente (autoexecutáveis) quando as respetivas condições, pré-definidas, se verificam, sem necessidade de intervenção manual, nem de intermediários para controlar ou assegurar o cumprimento do contrato.

Uma vez inserido numa *blockchain*, o contrato inteligente não pode ser alterado, o que garante a sua imutabilidade.

Os *smart contracts* apresentam uma ampla variedade de aplicações em múltiplos setores. Constituem exemplos os produtos e serviços das finanças descentralizadas (DeFi), tais como empréstimos, *staking* e *yield farming*. Além disso, permitem o funcionamento de plataformas descentralizadas (DEX) e facilitam a criação e gestão de NFTs e a criação e distribuição de criptoativos em ICO.

|**Referência cruzada:** blockchain, DeFi, DEX, ICO, NFT, staking, yield farming.

125.	SOFT FORK	**RAMIFICAÇÃO POUCO SIGNIFICATIVA**

Atualização ao protocolo de uma *blockchain* que é compatível com as regras anteriores desse protocolo.

Diferentemente do *hard fork*, o *soft fork* não implica uma efetiva ramificação da cadeia de blocos. Neste tipo de atualização, todos os nós ou *nodes* da rede podem continuar a validar transações e blocos, ainda que operem na versão anterior do *software*. As transações e blocos criados de acordo com as novas regras são válidos e compatíveis com os blocos que foram confirmados antes do *soft fork*, bem como com os novos blocos criados após o *soft fork*.

Os *soft forks* são normalmente realizados para implementar pequenas alterações, como correções de *bugs* ou otimizações.

Exemplo: a funcionalidade *hash pay-to-script* (P2SH) implementada no Bitcoin através de um *soft fork* em 2012.

|**Referência cruzada:** blockchain, fork, hard fork.

126.	STABLECOIN	**CRIPTOATIVO ESTÁVEL**

Tipo de criptoativo cujo valor permanece estável em relação a um ativo de referência estável ou a um cabaz de vários ativos de referência estáveis. Estes ativos podem incluir moedas fiduciárias (como Euro (EUR) ou o Dólar norte-americano (USD)), *commodities* (incluindo matérias-primas e metais preciosos, como o ouro) ou mesmo outros criptoativos. As *stablecoins* utilizam mecanismos de estabilização de valor, baseados na indexação ao valor dos ativos subjacentes que visam assegurar a sua estabilidade.

As *stablecoins* podem ser classificadas com base no método utilizado para assegurar a sua estabilidade de valor: (i) *stablecoins* associadas a moeda fiduciária: cujo valor está diretamente ligado a uma moeda fiduciária específica, mantendo uma relação de 1:1 (exemplo, o Tether – USDT); (ii) *stablecoins* associadas a *commodities*: cujo valor é determinado com base no valor de *commodities* físicas, como o ouro ou a prata (exemplo, o Paxos Gold – PAXG); (iii) *stablecoins* associadas a criptoativos: que utilizam outros criptoativos como referência para a sua emissão (exemplo: DAI – DAI); e (iv) *stablecoins* algorítmicas: que visam manter o seu valor estável através da utilização de algoritmos que regulam, de forma automática e descentralizada, a respetiva oferta (exemplo, TerraUSD – UST).

As *stablecoins* distinguem-se das CBDC, que constituem uma representação de moeda fiduciária.

Os ART e os EMT no contexto do MiCAR podem ser considerados tipos de *stablecoins*, mas com focos e estruturas regulatórias distintas que refletem as suas finalidades específicas.

|**Referência cruzada:** ART, CBDC, criptoativo, EMT, MiCAR.

127.	STAKING	STAKING

Ato de bloquear ou depositar criptoativos como uma forma de participação como validador em redes que utilizam o mecanismo PoS.

Refere-se ao processo que permite adicionar transações e novos blocos na *blockchain*.

Neste processo, característico do mecanismo de PoS, os participantes da rede bloqueiam uma certa quantidade de criptoativos (à semelhança de um depósito), comprometendo-se a participar no consenso da rede. Dependendo do protocolo específico de PoS, os validadores (*stakers*) são aleatoriamente escolhidos para validar transações, adicionar novos blocos ou para votar em propostas de atualização da rede.

A atividade de *staking* é remunerada através da atribuição de recompensas aos validadores, geralmente criptoativos (criptomoedas nativas de uma rede), como incentivo pelo registo de transações, criação do bloco e respetiva submissão à rede para validação e, bem assim, pela manutenção da rede segura e operacional. Estas recompensas incluem o produto das taxas de transação (no caso dos *gas fee*, a componente da taxa de prioridade) e podem incluir também os *staking rewards* (novos criptoativos emitidos pela rede). O validador que é selecionado para propor o novo bloco, após verificar e agrupar as transações válidas, aufere uma parte significativa da recompensa. Quanto aos outros validadores, que participam no processo de validação do bloco, e dependendo do protocolo de *blockchain*, podem também receber recompensas (contudo, mais reduzidas do que as do validador que fecha o bloco).

Existem dois tipos principais de *staking*: *on-chain e off-chain*:

(i) No *staking on-chain*, o processo de bloqueio dos criptoativos é efetuado diretamente na *blockchain*. Este sistema requer que os participantes disponham de uma infraestrutura (por exemplo, computador, servidor ou outro dispositivo) continuamente ligada à rede. Uma modalidade de *staking on-chain* é, por exemplo, o *staking* delegado, no qual os detentores de criptoativos podem delegar os seus criptoativos em validadores mais experientes ou mais tecnicamente preparados, sem necessitar de uma infraestrutura própria para participar diretamente no processo de consenso. Este processo não prejudica que o participante se mantenha detentor dos criptoativos, nem que toda a operação de delegação e regras subjacentes sejam registadas e executadas diretamente na *blockchain*.

(ii) No *staking off-chain*, o processo de bloqueio dos criptoativos não ocorre diretamente na *blockchain* nem envolve o *hardware* do participante. Neste caso, o participante recorre a plataformas de negociação (como CEX, CASP / VASP) ou a contratos inteligentes que operam fora da cadeia principal (*off chain*) para bloquear os seus criptoativos. As recompensas auferidas pelo *staking* dos criptoativos podem ser equiparadas, mediante a sua natureza, a uma aplicação de capitais (fruto), similar a um juro ou a outro rendimento de capital.

|**Remissão:** blockchain, criptoativo, PoS, validadores.

128.	STO *Security Token Offerings*	**OFERTAS DE TOKENS DE VALOR MOBILIÁRIO**

Uma STO é um método de angariação de fundos que combina simultaneamente elementos das IPO com as características inerentes aos criptoativos. As STO funcionam como uma forma de financiamento coletivo, visando apoiar projetos novos ou já existentes no ecossistema *blockchain*. Diferenciam-se das ICO, uma vez que nas STO está em causa a emissão de *tokens* que constituem valores mobiliários. Este processo inicia-se com a divulgação de um documento técnico, similar ao *white paper* das ICO, detalhando os objetivos do projeto, estrutura do plano de negócio, direitos conferidos pelos *tokens*, e os limites de captação de recursos.

Durante uma STO, os investidores adquirem *security tokens*, comprando--os com outros criptoativos ou mesmo moeda fiduciária (como Euro (EUR)) ou o Dólar norte-americano (USD)). A concretização da STO depende da arrecadação de um valor mínimo predefinido, que, se alcançado, assegura a distribuição dos *tokens* de valor mobiliário aos participantes. Podem também ser distribuídos *tokens* no decurso do projeto (*e.g.*, distribuições pré-programadas no *white paper* / documento de oferta, distribuições aquando do cumprimento de metas específicas ou distribuições baseadas no desempenho). Uma vez detentores dos *tokens* distribuídos, os investidores podem proceder à sua venda.

Os *security tokens* emitidos numa STO distinguem-se de outros, como os *utilily tokens*, por estarem geralmente regulamentados, o que lhes confere maior segurança e transparência.

A realização de uma STO (de *tokens* de valores mobiliários) está sujeita ao enquadramento regulatório do mercado de valores mobiliários, exigindo-se o cumprimento de obrigações legais e regulamentares nessa matéria, tais como as determinadas por entidades reguladoras, como a Comissão do Mercado de Valores Mobiliários (CMVM) em Portugal.

|**Referência cruzada:** criptoativo, ICO, IPO, security token, white paper.

T

129.	TIMESTAMP	**TIMESTAMP**

Conjunto de informações que registam o momento temporal em que um dado evento ocorreu. Em *blockchain*, refere-se à marcação do momento em que um novo bloco é adicionado a uma *blockchain* (*i.e.*, o momento da formação de cada bloco numa *blockchain*).

O *timestamp* permite estabelecer a sequência temporal dos blocos numa *blockchain*, bem como servir como uma prova de existência, demonstrando que uma determinada informação existia num dado momento no tempo.

|**Referência cruzada:** bloco, blockchain.

130.	TIP	**TIP**

As *fees* da *blockchain* de Bitcoin, também conhecidas por *tips* ou gorjetas, correspondem a um tipo de *transaction fees* (taxas de transação). Estas taxas de transação são suportadas pelos utilizadores que pretendem executar operações na rede Bitcoin.

O pagamento das *fees* ou *tips* pretende incentivar a inclusão prioritária de transações nos blocos minerados. Os utilizadores que pretendam o processamento mais rápido das suas transações podem optar voluntariamente por pagar uma taxa mais alta, acelerando a confirmação da transação. A taxa de transação no Bitcoin é, normalmente, proporcional ao tamanho da transação em *bytes* (e não à quantidade de Bitcoin transacionado).

As *fees* do Bitcoin (*tips*) visam recompensar os mineradores motivando-os a priorizar a inclusão dessas transações específicas nos próximos blocos que forem minerados. No caso da rede Bitcoin, quando deixar de haver mineração (e consequentemente a atribuição de *block rewards* pelo fecho do bloco), o incentivo à manutenção da rede será feito exclusivamente através de taxas de transação.

|**Referência cruzada**: bloco, blockchain, fee, gas fee, network fees, mineração, minerador, staking, validador.

131.	TOKEN	**TOKEN**

Um *token* de *blockchain* (ou "criptoativo"), também designado no Regulamento MiCA como "criptoficha", constitui um tipo de ativo digital sem forma física, representativo de valor ou direitos, baseado em criptografia e que utiliza tecnologia *blockchain* ou outra DLT.

Existem diversos tipos de *tokens*, os quais podem ser categorizados com base em critérios heterogéneos, como a fungibilidade, a tecnologia sobre a qual são emitidos, e as funções que assumem:

(i) Fungibilidade (que caracteriza a distinção entre criptoativos / / *tokens* fungíveis e não fungíveis): a fungibilidade consiste na possibilidade de trocar determinado *token* por outro da mesma espécie, qualidade ou quantidade. A título de exemplo, o Euro (EUR, moeda fiduciária) é fungível. Constituem *tokens* não fungíveis aqueles que são únicos e que possuem características criptográficas específicas e distintas, não podendo ser substituídos por outros de igual valor. Um exemplo de *token* não fungível é um NFT representativo de uma obra digital (que será única e autenticada através da *blockchain*). Diferentemente, os *tokens* fungíveis são aqueles que podem ser trocados por outros da mesma espécie, qualidade e quantidade, sem distinção entre as respetivas unidades. Estes *tokens* possuem um valor intrínseco. Um exemplo de *token* fungível é o Bitcoin. Os *tokens* fungíveis incluem uma grande variedade de realidades, tais como como os *utility tokens, security tokens, currency / payment tokens.*

(ii) Base tecnológica / origem da emissão (que caracteriza a distinção entre *tokens* nativos e não nativos): os criptoativos integram-se e operam de formas distintas numa *blockchain,* podendo ser criados quer como uma parte da própria conceção da rede, quer acessoriamente, através de contratos inteligentes. Os *tokens* nativos são aqueles que são criados como parte integrante e fundamental de uma *blockchain,* atuando como espinha dorsal do funcionamento e segurança da mesma. Estes *tokens* são a "moeda" da *blockchain,* e, por isso, comummente designados como "criptomoedas". Os *tokens* não nativos são desenvolvidos utilizando a infraestrutura de uma *blockchain* já existente, ou seja, são criados em cima de *blockchains* existentes, utilizando contratos inteligentes. Os *tokens* não nativos incluem uma grande variedade de realidades, tais como como os *utility tokens, security tokens, currency / payment tokens* e NFTs.

(iii) Função (que caracteriza a categorização entre *currency / payment; utility; security; stablecoin; e hybrid*): *tokens* de moeda ou pagamento (*currency / payment tokens*) são usados principalmente como meio de troca ou para transações. Incluem tanto as criptomoedas (*tokens* nativos), como outros *tokens* com essa mesma função de pagamento, e também algumas *stablecoins.* As *stablecoin* visam manter um valor estável por referência a moedas fiduciárias, bens ou outros criptoativos. Os *tokens* de utilização (*utility tokens*) permitem o acesso a um produto ou serviço dentro de um ecossistema específico.

Os *tokens* de valores mobiliários (*security tokens*) representam um ativo financeiro (direito de investimento num negócio ou projeto). Os *tokens* híbridos (*hybrid tokens*) combinam diferentes funções.

Por exemplo, o Bitcoin é um *token* nativo ("criptomoeda"), fungível, com função primária de pagamento. O Ethereum (ETH) é similarmente nativo ("criptomoeda") e fungível, mas serve tanto funções de pagamento como de utilidade.

Noutro exemplo, Chainlink (LINK) é um *token* não nativo, fungível, com função de utilidade. Já a Solana (SOL) tem a mesma função (utilidade), mas é um *token* nativo ("criptomoeda") e fungível.

Ou ainda, por exemplo, o Tether (USDT) é um *token* não nativo, fungível, com função de pagamento e que é uma *stablecoin*. Já a Uniswap (UNI) também é um *token* não nativo e fungível, mas não é uma *stablecoin*.

|**Referência cruzada:** ativo digital, blockchain, criptografia, criptomoeda, currency token, descentralização, hybrid token, NFT, security token, stablecoin, token, utility token.

132.	**TOKENIZAÇÃO**	TOKENIZATION

Processo de reprodução de bens / ativos, sejam estes reais (físicos) ou digitais, ou de direitos associados a esses bens / ativos, numa representação digital única, denominada *token*. Esta transformação implica a atribuição de um identificador único e o registo de metadados específicos, tais como informação do autor e outros atributos que definem a sua unicidade e propriedade, preparando o ativo digital para a sua inclusão na *blockchain*.

No contexto de ativos digitais, a tokenização implica a transformação de conteúdos digitais, tais como obras de arte digitais, vídeos, música, ou jogos, em *tokens* não fungíveis (NFTs) ou outros tipos de *tokens*, assegurando a respetiva autenticidade e a propriedade exclusiva. A diferença fundamental entre deter um ativo digital não tokenizado e um ativo digital tokenizado resulta na possibilidade de provar a respetiva propriedade única, assim como efetuar a sua transferência em *blockchain*.

Quanto aos ativos reais, a tokenização implica a criação de *tokens* digitais que representam direitos ou interesses com referência a bens ou ativos físicos, tais como imóveis, obras de arte físicas, *commodities*, entre outros. Em muitos casos, e em respaldo do enquadramento jurídico aplicável em cada país, a transferência bens / ativos reais tokenizados não determina a transferência da propriedade legal do bem físico, mas sim a representação de direitos económicos, de uso ou de participações nesse ativo.

A tokenização de instrumentos financeiros constitui a representação digital de instrumentos financeiros em registos distribuídos ou a emissão de classes de ativos tradicionais sob a forma de *tokens*, para permitir a sua emissão, armazenamento e transferência num registo distribuído. Este processo permite melhorar a eficiência no processo de negociação e de pós-negociação.

|**Referência cruzada**: blockchain, token.

133.	TRAVEL RULE	**REGRA DE VIAGEM**

Regra relativa à informação que deve acompanhar as transferências de criptoativos.

A *travel rule* determina que os VASP / CASP devem obter, deter e partilhar com a contraparte numa transferência de criptoativos informações sobre o originador e destinatário e disponibilizar essa informação às autoridades competentes, quando solicitado.

Considera-se transferência qualquer operação realizada com o objetivo de movimentar criptoativos de um endereço de registo distribuído, de uma conta de criptoativos ou de outro dispositivo que permita a armazenagem de criptoativos para outro, realizada por, pelo menos, um VASP / / CASP agindo por conta de um originador ou de um destinatário, independentemente de o originador e o destinatário serem a mesma pessoa e independentemente de o VASP / CASP do originador e o do destinatário serem idênticos.

As transferências de criptoativos para ou a partir de um endereço autoalojado (*non-custodial wallet*) também estão abrangidas pela regra de viagem, desde que envolvam a participação de um VASP / CASP.

Para efeitos da *travel rule*, o VASP / CASP do originador deverá assegurar que as transferências de criptoativos são acompanhadas do nome do originador, do endereço de registo distribuído do originador, caso a transferência de criptoativos seja registada numa rede que utiliza a DLT ou uma tecnologia semelhante, do número de conta de criptoativos do originador, caso tal conta exista e seja utilizada para tratar a operação, do endereço do originador, incluindo o nome do país, do número do documento de identificação oficial e do número de identificação de cliente – ou, em alternativa, da data e local de nascimento do originador – e, sob reserva da existência do campo pertinente no formato da mensagem em causa e sempre que fornecido pelo originador ao seu prestador de serviços de criptoativos, do LEI atual ou, na falta deste, de qualquer outro identificador oficial equivalente disponível do originador. As informações deverão ser apresentadas de forma segura, antes ou em simultâneo com a transferência de criptoativos.

O prestador de serviços de criptoativos do originador deverá também assegurar que as transferências de criptoativos são acompanhadas do nome do destinatário, do endereço de registo distribuído do destinatário, caso a transferência de criptoativos seja registada numa rede que utiliza a DLT ou uma tecnologia semelhante, do número de conta do destinatário, caso tal conta exista e seja utilizada para tratar a operação, e, sob reserva da existência do campo pertinente no formato da mensagem em causa e sempre que fornecido pelo originador ao seu prestador de serviços de criptoativos, do LEI atual ou, na falta deste, de qualquer outro identificador oficial equivalente disponível do destinatário. As informações deverão ser apresentadas de forma segura, antes ou em simultâneo com a transferência de criptoativos.

No caso de transferência para ou a partir de um endereço autoalojado (*non-custodial wallet*), o VASP / CASP deve recolher as informações relativas tanto ao originador como ao destinatário, geralmente junto do seu cliente e, em determinados casos, deve verificar se aquele endereço autoalojado (*non-custodial wallet*) é efetivamente detido ou controlado por esse cliente.

A regra de viagem é imposta pela União Europeia no Regulamento relativo às informações que acompanham as transferências de fundos e de determinados criptoativos (TFR), que reflete a recomendação do GAFI (Recomendação 15 e respetiva nota interpretativa).

Portugal e os demais Estados-Membros da União Europeia e a própria Comissão Europeia são membros do GAFI ou da Moneyval, estando vinculados ao cumprimento das Recomendações do GAFI, mormente da aludida Recomendação 15, devendo implementá-las no seu ordenamento jurídico e garantir o seu cumprimento por parte das entidades públicas e privadas relevantes nesta matéria. Em Portugal, a regra de viagem encontra-se regulamentada no Aviso do Banco de Portugal n.º 1/2023, de 24 de agosto.

|**Referência cruzada:** blockchain, CASP, criptoativo, non-custodial wallet, regulação, TFR, VASP.
|**Outras referências:** normas do Regulamento (UE) 2023/1113 (TFR, na versão atualizada), nomeadamente no capítulo III, e normas do Aviso do Banco de Portugal n.º 1/2023, de 24 de janeiro, nomeadamente nos artigos 37.º a 40.º.

134.	TFR *Transfer of Funds Regulation*	**REGULAMENTO SOBRE TRANSFERÊNCIA DE FUNDOS**

Regulamento (UE) 2023/1113 do Parlamento Europeu e do Conselho, de 31 de maio de 2023, relativo às informações que acompanham as transferências de fundos e de determinados criptoativos e que altera a Diretiva (UE) 2015/849, publicado no Jornal Oficial da União Europeia no dia 9 de junho de 2023. Este Regulamento entrou em vigor em 29 de junho de 2023, aplicando-se a partir de 30 de dezembro de 2024 (data até à qual vigoram as disposições do Regulamento (UE) 2015/847).

O TFR estabelece as regras relativas às informações sobre o ordenante e o beneficiário que devem acompanhar as transferências de fundos, em qualquer moeda, e às informações sobre o originador e o destinatário que devem acompanhar as transferências de criptoativos, para efeitos de prevenção, deteção e investigação do BC/FT, quando pelo menos um dos prestadores de serviços de pagamento ou VASP / CASP implicados na transferência de fundos ou na transferência de criptoativos estiver estabelecido ou tiver sede social, consoante o caso, na União Europeia. Além disso, TFR estabelece regras em matéria de políticas, procedimentos e controlos internos para assegurar a aplicação de medidas restritivas nos casos em que pelo menos um dos prestadores de serviços de pagamento ou

VASP / CASP implicados na transferência de fundos ou na transferência de criptoativos estiver estabelecido ou tiver sede social, conforme o caso, na União Europeia.

|**Referência cruzada:** CASP, criptoativo, travel rule, VASP.
|**Outras referências:** artigo 1.º, do Regulamento (UE) 2023/1113 (TFR, na versão atualizada), e artigos 37.º a 40.º do Aviso do Banco de Portugal n.º 1/2023, de 24 de agosto.

U

135.	UTILITY TOKEN	**TOKEN DE UTILIDADE**

Os *utility tokens*, também designados "criptofichas de consumo" (terminologia do MiCAR), são um tipo de criptoativo que é criado e opera numa *blockchain* ou outra DLT, e que permite aos seus detentores o acesso a produtos ou serviços (existentes ou potenciais) dentro do ecossistema de uma dada *blockchain* ou outra DLT. Esta classificação caracteriza-se pelo seu objeto imediato: a detenção de determinados produtos ou serviços.

A emissão destes criptoativos está geralmente associado a ICOs ou a outros mecanismos de financiamento, tendo como propósitos o desenvolvimento de uma plataforma, o financiamento de projetos, ou o funcionamento de sistemas de recompensas (*e.g.*, recompensas em resultado da sua contribuição para a rede – tais como avaliações, comentários, desenvolvimento de *software* –, recompensas pela participação na segurança e operacionalidade da rede e recompensas por ganhar jogos).

Os *utility tokens* são mais comummente *tokens* fungíveis e não nativos de uma *blockchain* específica, e utilizam padrões de *tokens* como ERC-20 (para Ethereum).

Diferentemente de outros criptoativos, os *tokens* de utilidade não têm uma função de investimento, nem representam uma participação na entidade ou organização que os emite.

|**Referência cruzada:** criptoativo, ICO, MiCAR, token.
|**Definição legal / regulamentar:** artigo 3.º, n.º 1, ponto 9) do Regulamento (UE) 2023/1114 (MiCAR).

V

136.	VALIDADOR	STAKER

Em sentido amplo (*lato sensu*), um validador corresponde a um nó ou *node* dentro de uma rede *blockchain* que participa no processo de verificação e validação de transações e blocos.

No mecanismo de prova de participação (PoS), um validador (*stricto sensu*) é um participante da rede que bloqueia (faz "*staking*" de) uma certa quantidade de criptoativos para efeitos de participação no processo de validação de transações e criação de novos blocos. Em PoS um validador é designado "staker".

No mecanismo de consenso de prova de trabalho (PoW), um minerador refere-se a um tipo específico de validador, ao qual se requer a disponibilização de poder computacional. Em PoW um validador é designado "miner".

Os validadores são computadores ou sistemas de *hardware* específicos que executam o *software* do nó ou *node*. No caso do PoW, esses computadores podem ser *rigs* de mineração especializados. No caso do PoS, os requisitos de *hardware* podem ser menos complexos, mas mantém-se a necessidade de manter um computador ou servidor ligado à internet para participar no processo de validação. Os computadores ou sistemas de *hardware* específicos são operados por pessoas, entidades ou organizações que assumem a responsabilidade de manter o *node*, garantindo o seu funcionamento continuo e, bem assim, a tomada de decisões sobre participação no processo de validação.

|**Referência cruzada:** mineração, minerador, PoS, PoW, staking.

137.	VASP *Virtual Asset Service Provider*	PRESTADOR DE SERVIÇOS DE ATIVOS VIRTUAIS

Termo particularmente utilizado nos âmbitos regulatório e da prevenção do BC/FT.

Nestes domínios, e de acordo com a nota interpretativa da Recomendação 15 do GAFI, um VASP corresponde a qualquer pessoa singular ou coletiva que realiza uma ou mais das seguintes atividades ou operações para, ou em nome de, uma outra pessoa singular ou coletiva: (i) troca entre ativos virtuais e moedas fiduciárias; (ii) troca entre uma ou mais formas de ativos virtuais; (iii) transferência de ativos virtuais; (iv) custódia e/ou administração de ativos virtuais ou instrumentos que possibilitam o controlo sobre ativos virtuais; e (v) participação e prestação de serviços financeiros relacionados com a oferta e/ou venda de ativos virtuais por um emissor.

Nos termos da Lei n.º 83/2017, as atividades com ativos virtuais correspondem às seguintes atividades económicas, exercidas em nome ou por conta de um cliente: (i) serviços de troca entre ativos virtuais e moedas fiduciárias; (ii) serviços de troca entre um ou mais ativos virtuais; (iii) serviços por via dos quais um ativo virtual é movido de um endereço ou carteira (*wallet*) para outro (transferência de ativos virtuais); e (iv) serviços de guarda ou guarda e administração de ativos virtuais ou de instrumentos que permitam controlar, deter, armazenar ou transferir esses ativos, incluindo chaves criptográficas privadas.

Os VASP que pretendam exercer atividades com ativos virtuais em território português estão sujeitos a registo junto do Banco de Portugal, e estão obrigados ao cumprimento das disposições legais e regulamentares em matéria de prevenção do BC/FT. O artigo 112.º-A da Lei n.º 83/2017, de 17 de agosto, e o Aviso do Banco de Portugal n.º 3/2021, de 23 de abril, regulamentam o processo de registo junto do Banco de Portugal. O Aviso do Banco de Portugal n.º 1/2023, de 24 de janeiro, estabelece os aspetos necessários a assegurar o cumprimento dos deveres preventivos do BC/FT pelos VASP.

Os serviços e atividades prestados pelos VASP incluem-se no leque mais amplo de serviços e atividades desenvolvidos pelos CASP, conforme definidos no MiCAR (artigo 3.º, n.º 1, ponto 15, do Regulamento (UE) 2023/1114).

|**Referência cruzada:** AML/CFT, ativo virtual, CASP, criptoativo, GAFI, MiCAR, wallet.

|**Definição legal / regulamentar:** artigo 2.º, n.º 1, alínea mm) e artigo 4.º, n.º 1, alínea o) e n.º 6, da Lei n.º 83/2017, de 17 de agosto (na redação atualizada).

138.	VOLATILIDADE	VOLATILITY

Oscilações rápidas e significativas no valor de um ativo, que resultam do funcionamento típico do mercado, nomeadamente, do facto de este ser baseado na relação oferta-procura.

A volatilidade no contexto dos criptoativos refere-se à extensão das variações no preço desses ativos num curto período, a qual pode ser influenciada por diversos fatores, nomeadamente, notícias do mercado, avanços tecnológicos, tendências de mercado, atuação dos investidores e regulação.

|**Referência cruzada:** criptoativo.

139.	VPN *Virtual Private Network*	**REDE VIRTUAL PRIVADA**

Tecnologia que estabelece uma conexão segura e criptografada entre dois pontos de uma rede, geralmente através da internet. O principal propósito de uma VPN é criar um canal seguro de comunicação, utilizando uma infraestrutura pública de telecomunicações para transmitir dados, os quais são protegidos através da utilização de técnicas de cifragem.

|**Referência cruzada:** criptografia.

W

140.	WALLET	**CARTEIRA**

No contexto dos criptoativos e *blockchain*, refere-se à aplicação, dispositivo ou *software* que permite aos utilizadores armazenar, transferir e gerir criptoativos.

As *wallets* são fundamentais no ecossistema *blockchain*, pois proporcionam uma interface para interagir com várias redes de *blockchain*.

As *wallets* utilizam um par de chaves criptográficas – uma pública e outra privada – para que possam ser realizadas transações na *blockchain*.

A chave pública, que é visível para todos os utilizadores da rede, consiste num código alfanumérico que não é possível fazer corresponder – diretamente – à identificação concreta do seu proprietário. Esta chave-pública é semelhante a um IBAN.

A chave privada, em sentido similar a uma palavra-passe, confirma que o utilizador tem permissão para aceder e movimentar os fundos na *wallet*. Esta chave privada consiste num código de acesso mantido criptograficamente que permite ao utilizador aceder à sua carteira com segurança.

As tipologias de *wallets* variam desde aplicações de *software* (*desktop*, móveis, online) e dispositivos físicos (*hardware wallets*) até impressões em papel (*paper wallets*).

As *wallets* podem ser agrupadas nas seguintes tipologias principais:

(i) Em razão da ligação à internet: (a) as *hot wallets* (ou carteiras ligadas à internet), sempre conectadas à internet, e que integram quer as *software wallets* (ou carteiras de *software*), quer as *online wallets* (ou carteiras online); e (b) as *cold wallets* (ou carteiras *offline*), não conectadas à internet, e que incluem as *hardware wallets* (ou carteiras de *hardware*) e as *paper wallets* (ou carteiras de papel).

(ii) Em razão do controlo das chaves-privadas: (a) as *custodial wallets* / / *hosted wallets* (ou carteiras com custódia / carteiras com guarda); e (b) *non-custodial wallets* ou *unhosted wallet* (ou carteiras sem custódia / carteiras sem guarda ou endereços auto-alojados).

|**Referência cruzada:** cold wallet, criptoativo, custodial wallet, hot wallet, non-custodial wallet, wallet.

141.	WEB3	**WEB3**

Termo utilizado para descrever a nova geração da internet, que representa uma evolução relativamente às versões anteriores. A *web* 3 baseia-se em tecnologias descentralizadas, como a *blockchain* ou outra DLT, contratos inteligentes e criptoativos.

A *Web* 1 surgiu no final dos anos 1980 (até início dos anos 2000) e foi a primeira geração da internet, ou seja, a versão original da internet. A *Web* 1 caracteriza-se por ser uma "*web* de leitura" ("web estática" ou "read-only"), essencialmente utilizada para a disseminação de informação, com reduzida ou nenhuma interação online.

A *Web* 2 surgiu no início dos anos 2000 (até ao presente) e refere-se à versão de leitura-escrita da internet ("read-write"), na qual os utilizadores podem criar e partilhar conteúdos. Esta versão centra-se na interatividade e na participação do utilizador. Os sites são dinâmicos, suportando a colaboração e a partilha de informações. A *Web* 2 introduziu a ideia de "Web como plataforma", permitindo que os utilizadores colaborem e interajam entre si através de *blogs* e redes sociais. Contudo, uma das características da *Web* 2 é a centralização, uma vez que determinadas empresas (*e.g.*, Google ou Facebook) ou entidades governamentais controlam os dados dos utilizadores, sem que estes tenham a gestão dos seus dados nem dos conteúdos que criam.

A *Web* 3 surgiu em 2014 (até ao presente) e refere-se à versão descentralizada da internet, focada na autonomia do utilizador. A *web* 3 utiliza a tecnologia *blockchain* ou outra DLT para garantir a descentralização (rotura com a *web* 2), permitindo, nomeadamente, que os utilizadores tenham acesso à criação de conteúdos, assim como mantenham a propriedade e o controlo sobre os seus próprios dados.

|**Referência cruzada:** blockchain, descentralização, smart contract.

142.	WHITE PAPER	LIVRO BRANCO / LIVRETE

Um *white paper* de criptoativos é um documento técnico detalhado, elaborado pelos oferentes ou pelas pessoas que solicitam a admissão à negociação de criptoativos em mercados regulados e que contém informações gerais sobre o emitente de criptoativos, o oferente ou a pessoa que solicita a admissão à negociação, o projeto a realizar com o capital mobilizado, a oferta pública de criptoativos ou a sua admissão à negociação, os direitos e obrigações inerentes aos criptoativos, a tecnologia subjacente utilizada para esses criptoativos e os riscos conexos.

Embora funcione de forma similar a um prospeto de valor mobiliário negociado em mercado regulamentado (Bolsa), um *white paper* de criptoativos, conforme regulado para efeitos da aplicação do Regulamento MiCA (Regulamento (UE) 2023/1114), não se considera nem um prospeto na aceção do Regulamento (UE) 2017/1129, nem um documento relativo à oferta nos termos do direito da União Europeia ou do direito nacional.

|**Referência cruzada:** criptoativo, MiCAR.

Y

143.	YIELD FARMING	**YIELD FARMING**

Mecanismo através do qual os utilizadores de plataformas DeFi (tais como DEXs e protocolos de empréstimo DeFi) emprestam ou fornecem liquidez de criptoativos.

A atividade de *yield farming* (também designada "*liquidity mining*") consiste no bloqueio (ou empréstimo) de pares de criptoativos num contrato inteligente específico de uma plataforma DeFi. Os pares facilitam as trocas descentralizadas entre diferentes criptoativos.

Quando os utilizadores realizam trocas utilizando um *pool* de liquidez interagem diretamente com o contrato inteligente que gere o *pool*, permitindo a troca de um ativo por outro com base no preço determinado pela proporção dos ativos no *pool*.

Pelas operações de troca no *pool* são cobradas taxas de transação, como são exemplo as taxas de *swap*. Estas taxas são depois distribuídas proporcionalmente pelos fornecedores de liquidez do *pool*. Estes fornecedores podem também receber criptoativos de recompensa adicionais (também designados "*farming tokens*" ou "*liquidity mining rewards*"), que visam atribuir um incentivo adicional ao fornecimento de liquidez.

Os utilizadores precisam de conectar a sua *wallet* para interagir com o contrato inteligente numa plataforma DeFi.

|**Referência cruzada:** criptoativo, DeFi, smart contract, wallet.

ÍNDICE REMISSIVO

Tabela de termos em língua portuguesa

Termo em língua portuguesa	Termo em língua inglesa	Referência
CARTEIRA COLETIVA	POOLED WALLET	113
CARTEIRA COM CUSTÓDIA	CUSTODIAL WALLET	41
CARTEIRA LIGADA À INTERNET	HOT WALLET	76
CARTEIRA OFF LINE	COLD WALLET	30
CARTEIRA SEM CUSTÓDIA	NON-CUSTODIAL WALLET	107
CHAVE PRIVADA	PRIVATE KEY	27
CÓDIGO ABERTO	OPEN SOURCE	108
CÓDIGO QR	QR CODE – Quick Response Code	29
COMISSÃO DE VALORES MOBILIÁRIOS DO EUA	SEC – Securities and Exchange Commission	120
CONHEÇA A SUA TRANSAÇÃO	KYT – Know Your Transaction	86
CONHEÇA O SEU CLIENTE	KYC – Know Your Costumer	85
CONTRATO INTELIGENTE	SMART CONTRACT	124
CORRETORA	EXCHANGE	61
CORRETORA CENTRALIZADA	CEX – Centralized Exchange	24
CORRETORA DESCENTRALIZADA	DEX – Decentralised Exchange	48
CRIPTOATIVO	CRIPTOASSET	35
CRIPTOATIVO ESTÁVEL	STABLECOIN	126
CRIPTOGRAFIA	CRIPTOGRAPHY	36
CRIPTOMOEDA	CRYPTOCURRENCY	37
CUMPRIMENTO DE OBRIGAÇÕES NA REDE	COMPLIANCE ON CHAIN	31
DADOS DE TRÁFEGO INFORMÁTICO	COMPUTER TRAFFIC	34
DADOS INFORMÁTICOS	COMPUTER DATA	32
DESCENTRALIZAÇÃO	DESCENTRALIZATION	47
DIRETIVA RELATIVA À COOPERAÇÃO ADMINISTRATIVA	DAC – Directive on Administrative Cooperation	42
DUPLA CONTAGEM	DOUBLE COUNTING	52
DUPLO GASTO	DOUBLE SPENDING	53
EMISSÃO DE TOKENS NÃO FUNGÍVEIS	MINTING NFT	100
ETF DE BITCOIN	BITCOIN ETF	58
ETHEREUM	ETHEREUM	59
EURO DIGITAL	DIGITAL EURO	60
FINANÇAS DESCENTRALIZADAS	DeFI – Decentralized Finance	46
FINANCIAMENTO COLABORATIVO	CROWDLENDING	38

Termo em língua portuguesa	Termo em língua inglesa	Referência
NÓ MESTRE	MASTERNODE	105
NORMA COMUM DE COMUNICAÇÃO DE INFORMAÇÃO	CRS – Common Reporting Standard	39
OFERTA INICIAL DE MOEDA	ICO – Initial Coin Offer	79
OFERTA PÚBLICA INICIAL	IPO – Initial Public Offering	84
OFERTAS DE TOKENS DE VALOR MOBILIÁRIO	STO – Security Token Offerings	128
OITAVA ALTERAÇÃO À DIRETIVA RELATIVA À COOPERAÇÃO ADMINISTRATIVA	DAC 8 – 8th amendment to the Directive on Administrative Cooperation	43
ORÁCULO	ORACLE	109
PARTICIPANTE DA REDE	PEER	110
PERMUTA	SWAP	111
PLATAFORMA ELETRÓNICA	ELETRONIC PLATFORM	112
PONTES BLOCKCHAIN	BLOCKCHAIN BRIDGES	17
PONTO DE VIRAGEM	FLIPPENNING	65
PRESTADOR DE SERVIÇOS DE ATIVOS VIRTUAIS	VASP – Virtual Asset Service Provider	137
PRESTADOR DE SERVIÇOS DE CRIPTOATIVOS	CASP – Crypto Assets Service Provider	22
PROCESSAMENTO AUTOMATIZADO DE LINGUAGEM NATURAL	CHATGPT	26
PROTOCOLO	PROTOCOL	116
PROTOCOLO DE INTERNET	IP – Internet Protocol	83
PROVA DE PARTICIPAÇÃO	PoS – Proof of Stake	114
PROVA DE TRABALHO	PoW – Proof of Work	115
QUADRO DA OCDE PARA A COMUNICAÇÃO DE INFORMAÇÕES SOBRE CRIPTOATIVOS	CARF – Crypto Asset Reporting Framework	21
RAMIFICAÇÃO DA REDE	FORK	68
RAMIFICAÇÃO POUCO SIGNIFICATIVA DA REDE	SOFT FORK	125
RAMIFICAÇÃO SIGNIFICATIVA DA REDE	HARD FORK	74
RECOMPENSA	BOUNTY	19
RECOMPENSAS DE BLOCO	BLOCKCHAIN REWARDS	15
REDE VIRTUAL PRIVADA	VPN – Virtual Private Network	139
REDES NEURONAIS ARTIFICIAIS	NODE NETWORK	117
REFERÊNCIA DO MERCADO	BENCHMARK	12
REGRA DE VIAGEM	TRAVEL RULE	133
REGULAÇÃO	REGULATION	118
REGULAMENTO DE RESILIÊNCIA OPERACIONAL DIGITAL	DORA – Digital Operational Resilience Act	51

Tabela de termos em língua inglesa

Termo em língua inglesa	Termo em língua portuguesa	Referência
AEOI – Automatic Exchange of Information	TROCA AUTOMÁTICA DE INFORMAÇÕES	1
AI – Artificial Intelligence	IA – Inteligência Artificial	78
AIRDROP	AIRDROP	2
ALGORITHM	ALGORITMO	3
ALTCOIN	ALTCOIN	4
AML/CFT – Anti-Money Laundering and Countering the Financing of Terrorism	BC/FT – Prevenção do Branqueamento de Capitais e Financiamento do Terrorismo	5
API – Application Programming Interface	INTERFACE DE PROGRAMAÇÃO DE APLICAÇÕES	6
ART – Asset Referenced Token	TOKEN REFERENCIADO A ATIVO	7
ASSET TOKEN	TOKEN DE ATIVOS	8
BENCHMARK	REFERÊNCIA DO MERCADO	12
BIG DATA	GRANDE VOLUME DE DADOS	13
BITCOIN	BITCOIN	14
BITCOIN ETF	ETF DE BITCOIN	58
BLOCK	BLOCO	18
BLOCKCHAIN	CADEIA DE BLOCOS	16
BLOCKCHAIN BRIDGES	PONTES BLOCKCHAIN	17
BLOCKCHAIN REWARDS	RECOMPENSAS DE BLOCO	15
BOUNTY	RECOMPENSA	19
CARF – Crypto Asset Reporting Framework	QUADRO DA OCDE PARA A COMUNICAÇÃO DE INFORMAÇÕES SOBRE CRIPTOATIVOS	21
CASP – Crypto Assets Service Provider	PRESTADOR DE SERVIÇOS DE CRIPTOATIVOS	22
CBDC – Central Bank Digital Currencies	MBDC – Moeda Digital de Banco Central	23
CEX – Centralized Exchange	CORRETORA CENTRALIZADA	24
CHATBOT	ROBÔ DE CONVERSAÇÃO	25
CHATGPT	PROCESSAMENTO AUTOMATIZADO DE LINGUAGEM NATURAL	26
CLOUDMINING	MINERAÇÃO NA NÚVEM	28
COLD WALLET	CARTEIRA OFF LINE	30
COMPLIANCE ON CHAIN	CUMPRIMENTO DE OBRIGAÇÕES NA REDE	31
COMPUTER DATA	DADOS INFORMÁTICOS	32
COMPUTER SERVICE SUPPLIER	FORNECEDOR DE SERVIÇOS DE COMPUTADOR	33
COMPUTER TRAFFIC	DADOS DE TRÁFEGO INFORMÁTICO	34

Termo em língua inglesa	Termo em língua portuguesa	Referência
EXCHANGE	CORRETORA	61
EXCHANGE	CÂMBIO	20
FATCA – Foreign Account Tax Compliance Act	LEI DE CONFORMIDADE FISCAL DE CONTAS ESTRANGEIRAS DOS ESTADOS UNIDOS	62
FATF – Financial Action Task Force	GAFI – Grupo de Ação Financeira	69
FEE	TAXA DE TRANSAÇÃO	63
FIAT CURRENCY	MOEDA FIDUCIÁRIA	102
FINTECH	TECNOLOGIA FINANCEIRA	64
FLIPPENNING	PONTO DE VIRAGEM	65
F-NFT	TOKEN NÃO FUNGÍVEL FRACIONADO	66
FOREX – Foreign Exchange Market	MERCADO DE DIVISAS	67
FORK	RAMIFICAÇÃO DA REDE	68
GAS FEE	GAS FEE	70
GENESIS BLOCK	BLOCO GÉNESE	71
GOVERNANCE TOKEN	TOKEN DE GOVERNANÇA	72
HALVING	HALVING	73
HARD FORK	RAMIFICAÇÃO SIGNIFICATIVA DA REDE	74
HASH	HASH	75
HOT WALLET	CARTEIRA LIGADA À INTERNET	76
HYBRID TOKEN	TOKEN HÍBRIDO	76
ICO – Initial Coin Offer	OFERTA INICIAL DE MOEDA	79
INFORMATIC SYSTEM	SISTEMA INFORMÁTICO	123
INTEROPERABILITY	INTEROPERABILIDADE	80
INVESTMENT IN CRYPTOASSETS	INVESTIMENTO EM CRIPTOATIVOS	81
IOT – Internet of Things	INTERNET DAS COISAS	82
IP – Internet Protocol	PROTOCOLO DE INTERNET	83
IPO – Initial Public Offering	OFERTA PÚBLICA INICIAL	84
KYC – Know Your Costumer	CONHEÇA O SEU CLIENTE	85
KYT – Know Your Transaction	CONHEÇA A SUA TRANSAÇÃO	86
LAYER	CAMADA	87
LEDGER	ARQUIVO DIGITAL DE DADOS	88
LIQUIDITY	LIQUIDEZ	89
LIQUIDITY POOLS	FUNDOS DE LÍQUIDEZ	90
MARKET CAP	CAPITALIZAÇÃO DE MERCADO	91

Termo em língua inglesa	Termo em língua portuguesa	Referência
STO – Security Token Offerings	OFERTAS DE TOKENS DE VALOR MOBILIÁRIO	128
SWAP	PERMUTA	111
TIMESTAMP	TIMESTAMP	129
TIP	TIP	130
TOKEN	TOKEN	131
TOKENIZATION	TOKENIZAÇÃO	132
TRAVEL RULE	REGRA DE VIAGEM	133
TRF – Transfer of Funds Regulation	REGULAMENTO SOBRE TRANSFERÊNCIA DE FUNDOS	134
UTILITY TOKEN	TOKEN DE UTILIDADE	135
VASP – Virtual Asset Service Provider	PRESTADOR DE SERVIÇOS DE ATIVOS VIRTUAIS	137
VIRTUAL ASSET	ATIVO VIRTUAL	10
VOLATILITY	VOLATILIDADE	138
VPN – Virtual Private Network	REDE VIRTUAL PRIVADA	139
WALLET	CARTEIRA	140
WEB 3	WEB 3	141
WHITEPAPER	LIVRO BRANCO / LIVRETE	142
YIELD FARMING	YIELD FARMING	143

ÍNDICE

M

N

O

P

R

S

T

U

V

W